Encore plus belle, la vie !

Chez le même éditeur

De la même auteure

C'est beau la vie : Vivre heureux dans le courant de la grâce !
Brossard, Québec, 2010, 224 pages. (Pour le Québec)

C'est beau la vie : Vivre heureux dans la grâce au quotidien,
Brossard, Québec, 2010, 224 pages. (Pour l'Europe)

Carnet C'est beau la vie, Brossard, Québec, 2011, 128 pages.

Encore plus belle, la vie ! Brossard, Québec, 2011, 224 pages.

Christine Michaud

Encore plus belle, la vie !

Parce que le bonheur,
ça s'apprend

UN MONDE ✿ DIFFÉRENT

Catalogage avant publication de Bibliothèque et Archives nationales du Québec et Bibliothèque et Archives Canada

Michaud, Christine, 1970-

  Encore plus belle, la vie! : parce que le bonheur, ça s'apprend

  Peut être acc. d'un carnet : C'est beau la vie.

  Comprend des réf. bibliogr.

  ISBN 978-2-89225-754-0

  1. Bonheur. 2. Psychologie positive. 3. Réalisation de soi. I. Titre.

BF575.H27M52 2011   152.4'2   C2011-941898-3

Adresse municipale :
Les éditions Un monde différent
3905, rue Isabelle, bureau 101
Brossard (Québec) Canada
J4Y 2R2
Tél. : 450 656-2660 ou 1 800 443-2582
Téléc. : 450 659-9328
Site Internet : www.umd.ca
Courriel : info@umd.ca

Adresse postale :
Les éditions Un monde différent
C. P. 51546
Succ. Galeries Taschereau
Greenfield Park (Québec)
J4V 3N8

Pour l'édition en langue française
Dépôts légaux : 3e trimestre 2011

Bibliothèque nationale du Québec
Bibliothèque nationale du Canada
Bibliothèque nationale de France

Conception graphique de la couverture :
OLIVIER LASSER ET AMÉLIE BARRETTE

Photographie de la couverture :
BENOIT CAMIRAND

Photocomposition et mise en pages :
ANDRÉA JOSEPH [pagexpress@videotron.ca]

Typographie : Minion 13,6 sur 15,9 pts (CS5)

ISBN 978-2-89225-754-0

Nous reconnaissons l'aide financière du gouvernement du Canada par l'entremise du Fonds du livre du Canada (FLC) pour nos activités d'édition.

Gouvernement du Québec – Programme de crédit d'impôt pour l'édition de livres – Gestion SODEC.

Gouvernement du Québec – Programme d'aide à l'édition de la SODEC.

IMPRIMÉ AU CANADA

À Lise et Claude, mes parents,
avec toute ma gratitude et mon amour

À un grand sage, mon petit frère, Alexandre

« *Quand je pense à tous les livres qu'il me reste à lire,
j'ai la certitude d'être encore heureux.* »

– Jules Renard

―――⟨∞⟩―――

« *Quiconque est capable de lire dispose de la puissance
nécessaire pour s'élever, croître sans cesse en diversifiant
ses champs de connaissances et jouir d'une vie remplie,
riche et intéressante.* »

– Aldous Huxley

Sommaire

Prologue
en « pleine conscience »

J'avais jusqu'au sept août pour remettre ce manuscrit. À partir de ce moment, il me resterait encore une semaine de vacances, alors je décidai de me faire cadeau d'une retraite spirituelle. Avant de partir, je précisai à l'éditeur que je souhaitais ajouter une histoire inspirante pour mon prologue, mais que j'étais confiante d'en trouver une dans les enseignements de la retraite. Jamais, je n'ai pensé que je pourrais être l'héroïne de cette histoire. Pourtant, c'est ce qui arriva…

Lors du congrès mondial de psychologie positive à Philadelphie, quelques semaines plus tôt, j'avais découvert le concept de « Mindfulness », traduit en français par « *pleine conscience* ». J'avais appris à méditer en *pleine conscience*, ce qui m'avait permis de toucher à la paix intérieure, un sentiment que je n'avais jamais autant ressenti auparavant.

De retour du congrès, je fis des recherches sur Internet pour trouver une formation sur la *pleine conscience*. On me disait que je devrais probablement me rendre en Californie où ce concept semblait très à la mode. J'étais prête à aller n'importe où, car je sentais que je devais en apprendre davantage à ce propos...

C'est donc par hasard (s'il en est un), au fil de mes recherches, que je tombai sur la page Web annonçant une retraite de cinq jours en «Mindfulness» avec le maître zen Thich Nhat Hanh, et ce, à Vancouver. Quelques années plus tôt, mon petit frère m'avait offert un livre de Thich Nhat Hanh en me disant que son contenu représentait pour lui l'ultime enseignement de la vie.

Pour une première expérience de retraite de ce genre, il était probablement plus simple et confortable de la faire à Vancouver plutôt qu'en Inde. J'ai donc fait les réservations nécessaires et une amie accepta même de m'y accompagner. Je n'avais aucune idée du genre d'expérience que j'allais vivre. Pour la première fois de ma vie, j'allais devoir manger végétalien, ne pas prendre une goutte d'alcool, méditer des heures durant, tout cela dans le silence, la plupart du temps. Ce serait un beau défi et il me tardait de vivre cette aventure pour en apprendre davantage au sujet de la *pleine conscience*.

Sans ordinateur ni cellulaire, sans maquillage et habillées « en mou », nous sommes parties, mon amie Élaine et moi, pour Vancouver. Déjà, nous avions eu beaucoup de plaisir à faire nos bagages en nous assurant d'y mettre tous les articles suggérés sur la liste pour la retraite. Tapis de yoga, coussin de méditation, tasse pour le thé, verre à eau, lampe de poche, serviettes, savon et quatre lectures préparatoires faisaient partie de cette longue série d'accessoires me donnant la désagréable impression de partir en camping...

Heureusement, ce sentiment s'est rapidement transformé une fois rendues à l'aéroport où nous avons eu le privilège d'être surclassées en classe affaires pour le vol vers Vancouver. C'est avec beaucoup de courage que j'ai lutté contre les verres d'alcool qui m'étaient offerts à titre gracieux. Je tenais à me présenter à la retraite le plus « raisonnablement » possible.

Une fois arrivées à Vancouver, quelle ne fut pas notre surprise, à la sortie de l'aéroport, de nous voir offrir une limousine pour nous rendre à notre lieu de retraite. Mon amie trouvait l'idée géniale, et c'est avec un brin de déception qu'elle accepta ma requête d'emprunter plutôt un « vulgaire » taxi. Les gens qui me connaissent savent à quel point j'ai un côté « princesse » assez développé, mais je trouvais déplacé d'arriver à une retraite bouddhiste en limousine ! Je ne voulais pas me faire remarquer. Je rêvais plutôt de discrétion...

Pour commencer, des moines et sœurs bouddhistes nous accueillirent avec toute la gentillesse du monde. Nous devions suivre ensuite un plan pour nous rendre à nos chambres dans le pavillon Okanagan. Perdues, nous avons dû demander notre chemin à quelques personnes, dont des Canadiennes anglaises qui tentaient de comprendre ce que l'on disait pour finalement se mettre à rire en prononçant adéquatement ce «Okanagan» avec lequel nous avions tant de difficulté. Déjà, je bouillais à l'intérieur en jugeant ces femmes qui, me semblait-il, auraient pu faire un petit effort pour nous comprendre. Décidément, j'avais grandement besoin de cette semaine de méditation… Et je n'avais encore aucune idée de l'aventure qui m'attendait!

Élaine et moi avions chacune une chambre minuscule qui ressemblait à une cellule de prison. Sur le lit en métal, haut perché, reposaient les draps et les couvertures pliés. C'est en faisant mon lit ce soir-là que j'ai aperçu pour la première fois quelques petits vers. Mais ce n'était que le premier soir et je me sentais l'âme aventureuse, et prête à tout pour vivre cette expérience spirituelle. Je m'encourageais en pensant à Elizabeth Gilbert dans *Mange, prie, aime* qui avait probablement eu des conditions encore bien plus précaires lors de son séjour dans un ashram en Inde.

C'est donc fraîche et dispose que je me présentai à la première séance de méditation du lendemain matin.

Comme il serait agréable et surtout relaxant de n'avoir rien à penser et de demeurer seulement assise dans un état de béatitude, des heures durant. J'aurais dû me rappeler cette phrase selon laquelle les choses les plus simples ne sont pas nécessairement les plus faciles. Je m'apprêtais à le découvrir à la dure !

Mon corps semblait vouloir se fendre de partout. Jamais auparavant je n'avais ressenti autant de douleur physique. Je n'avais plus de position et je commençais déjà à regretter de m'être inscrite à cette retraite. Après avoir pris trois repas dans le noble silence, partagé douches et toilettes, et ralenti le rythme, j'eus ma première crise. Je rêvais secrètement de me retrouver dans un Walmart, entourée de gens stressés qui veulent tout acheter avec en bruit de fond, le son des caisses enregistreuses.

Je me confiai à ma copine en pensant que j'étais complètement folle. Elle me réconforta en me disant que j'étais probablement dotée d'un mental très fort qui réagissait brutalement. À partir de ce moment, elle me rebaptisa la « princesse Walmart » pour le reste du voyage, et chaque fois cela nous faisait beaucoup rire.

Les trois premiers jours furent pour moi un véritable supplice. En plus de mon mental qui semblait se fissurer de partout, de mon corps qui me faisait souffrir, je commençais à me percevoir comme la plus ignoble des êtres humains. À la vue de tous ces gens qui méditaient aisément pendant des heures et qui marchaient lentement le sourire béat aux lèvres, je devenais agressive. Je ne pensais jamais pouvoir atteindre un tel état. C'était au-dessus de mes forces et cela me contrariait royalement. J'en étais venue à les juger, à m'impatienter et à ne percevoir que mes côtés sombres.

Ainsi un matin, étant parvenue à ma limite extrême, je demandai à mon amie si elle acceptait de m'écouter lui vider mon sac. J'avais absolument besoin d'une vraie séance de «pétage de coches»! Toute ma vie, je lui serai reconnaissante pour son écoute compatissante de ce matin-là.

Cela fait pourtant des années que j'aide les gens à percevoir leur lumière intérieure. Je sais que derrière les plus grandes souffrances et les zones d'ombre se trouvent de divins cadeaux. Mais comme dirait Chan-Huy, mon nouvel ami rencontré là-bas, la meilleure façon d'enseigner quelque chose consiste à l'être et l'expérimenter soi-même d'abord. Je compris alors que je n'étais pas à Vancouver pour apprendre la *pleine conscience*, mais bien pour la vivre.

Après avoir accepté et libéré ma noirceur, je suis parvenue à voir la lumière. En fait, tous mes sens me semblaient plus affinés. Même mon intuition devenait plus fine, et c'est ainsi qu'une foule de mes questionnements trouvèrent leurs réponses. Pour faire une analogie technologique, je venais de défragmenter mon disque dur. Je faisais la lumière sur ma vie autant personnelle que professionnelle. Je savais précisément ce que je désirais, et j'étais prête à prendre un nouvel envol.

Comme cadeau de cette retraite, je décidai de m'offrir une toile de Thich Nhat Hanh en souvenir. Le maître zen faisait de magnifiques œuvres calligraphiques sur lesquelles il peignait des phrases tirées de ses enseignements. J'étais très attirée par celle stipulant : « *I have arrived, I am home* (Je suis arrivée, je suis à la maison) ». Je savais maintenant que j'étais venue à cette retraite pour apprendre à être bien à l'intérieur de moi, à m'accepter entièrement avec mes zones d'ombre et de lumière.

Arrivée au comptoir de vente, je demandai à la sœur de me trouver une œuvre avec cette phrase. Elle chercha en vain, mais ne trouva pas. Constatant que je parlais français, elle me dit que Thich Nhat Hanh en avait produit de nouvelles la veille, et qu'elle avait aperçu quelques œuvres en français. Je voulais bien y jeter un œil. Ce serait même encore mieux.

Le sourire aux lèvres, elle revint vers moi en me disant qu'elle avait trouvé une esquisse en français qui lui semblait plutôt étrange en raison de la longueur de la phrase. Elle la déposa devant moi et ajouta que jamais auparavant elle n'avait vu cette phrase. Contaminée sur-le-champ par son enthousiasme, je me penchai pour lire l'inscription calligraphique, et c'est à ce moment que je perdis tous mes moyens... Sur la toile, il était écrit :

Qu'est-ce qu'on attend pour être heureux ?

C'est précisément le titre de l'émission de télévision que j'anime à TVA. Mais surtout, cette émission représente pour moi un rêve en train de se réaliser. C'est le fondement même de ma mission sur cette terre : utiliser mon talent de communicatrice pour aider les gens à être heureux. Je n'aurais pu souhaiter plus belle conclusion pour cette retraite en *pleine conscience*. Mais une dernière surprise nous attendait Élaine et moi.

Nous étions assises à côté de nos valises, attendant le taxi qui nous ramènerait à l'aéroport. J'avais rappelé la dame qui était venue nous chercher à notre arrivée, lui demandant d'être au rendez-vous pour 11 h 15. Elle m'avait confirmé le tout en spécifiant toutefois, que si elle était prise ailleurs, elle enverrait un de ses collègues.

Vers 11 h 05, une limousine noire fit son entrée dans le stationnement de nos résidences. Élaine et moi trouvions cocasse de voir quelqu'un repartir en limousine alors que nous avions eu une discussion à ce sujet à notre arrivée. Nous étions curieuses de voir qui partirait dans la longue voiture. Après quelques minutes d'attente, le chauffeur sortit du véhicule et demanda qui était « Christine Michaud » ? Eh oui, cette voiture nous était destinée. C'était lui, le collègue venu en remplacement. C'est ainsi que les deux princesses retournèrent à l'aéroport, dans le confort, la grâce et la *pleine conscience*. J'en ris encore quand j'y pense aujourd'hui !

Mais surtout, je me souviendrai toujours de ce séjour qui fut pour moi une révélation, ou comme le dirait Thich Nhat Hanh, un retour à la maison. Car comme l'affirme Jean de La Fontaine: «Rien ne sert de courir, il faut partir à point». J'ai compris aujourd'hui que, non seulement nous sommes partis à point, mais que nous sommes déjà arrivés, et que par conséquent, nous n'avons pas à courir après le bonheur, ou après ce qui nous en donne l'illusion, mais que nous devons plutôt le retrouver à l'intérieur de soi, et le laisser s'épanouir pour faire fleurir notre existence.

C'est le voyage auquel je vous convie dans les pages qui suivent…

Le plaisir de se retrouver…

───❦───

« Il est entré dans mon cœur,
Une part de bonheur,
Dont je connais la cause. »

La vie en rose
Paroles d'Édith Piaf,
Musique de Louiguy et Marguerite Monnot
Interprétée par l'auteure

───❦───

« Il est bien vrai que nous devons penser au bonheur d'autrui ;
mais on ne dit pas assez que ce que nous pouvons faire de mieux
pour ceux qui nous aiment, c'est encore d'être heureux. »
ALAIN (*Propos sur le bonheur*)

Avez-vous remarqué que lorsque vous osez être,
faire ou avoir quelque chose de nouveau, vous
permettez aux autres d'en faire autant ? Certains diront

que nous sommes influençables ; moi je dirais plutôt que nous avons le pouvoir de nous inspirer mutuellement, et ce, positivement !

Observez les conversations et vous constaterez qu'aussitôt qu'une personne raconte une histoire, une autre sera tentée d'en relater une à son tour sur le même sujet. Voilà pourquoi il est si important d'être vrai dans la vie et de véhiculer des messages positifs et porteurs d'espoir. Ce faisant, nous aiderons alors les autres à en faire autant. À ce propos, l'auteur Alexandre Jardin a déjà dit sur le plateau de l'émission de télévision *Tout le monde en parle* : « Quand vous courez le risque d'être vrai, vous permettez aux autres de l'être. »

L'écriture de mon premier livre intitulé *C'est beau la vie* n'a pas été une tâche facile… Je me jugeais à tout moment et je remettais sans cesse en question son utilité ou sa nécessité. Toutefois, une petite voix à l'intérieur de moi me poussait à l'écriture. Je le ressentais dans toutes les cellules de mon corps. Je devais aller au bout de cette aventure.

Puis, comme tout projet qui prend parfois plus de temps que prévu à démarrer et qui s'étire en longueur et en difficultés, j'ai fini par le rendre à terme, et mon premier livre se retrouve maintenant sur les tablettes des librairies et probablement même dans votre foyer ! Et c'est à ce moment que la magie a opéré une fois de plus.

Des messages fusaient de toutes parts, des lecteurs se racontaient à leur tour et osaient me livrer leur vérité. Plusieurs m'ont partagé leurs petites et grandes victoires, et tout cela remplissait chaque fois mon cœur d'un sentiment de bonheur. J'avais la douce impression d'y avoir contribué et d'avoir semé quelque chose d'intense.

Toutefois, être vrai ou faire face à ses vérités n'est pas toujours simple… Il faut alors devenir observateur de soi et même, prendre un certain recul pour mieux voir. Plusieurs personnes se plaignent que leur vie ne va pas à leur goût, que leurs rêves ne se réalisent pas et elles ont l'impression que leur existence est plus ardue que celle des autres. Qu'en est-il vraiment? Si on les examine, on s'aperçoit qu'elles se jettent elles-mêmes des mauvais sorts. Chacun est le créateur de sa vie!

Il me vient à l'esprit l'image d'une farandole multicolore. Tous ensemble, nous entrons dans la danse et nous participons à une cocréation! Je le réalise encore plus tandis que je commence l'écriture de ce nouvel ouvrage. Je rassemble des idées, j'aligne des mots, mais l'inspiration jaillit d'une multitude de sources dont vous faites partie intégrante. Les gens, les événements, tout est susceptible de nous enseigner la vie. Si nous sommes disposés à apprendre, bien sûr!

À quelqu'un qui me demandait quel était le but de ma vie, je répondis: «Évoluer en conscience». Pour moi, cela suppose de revenir à l'essentiel et de trouver la joie en étant totalement moi-même. En effet, je me porte volontaire pour devenir mon propre laboratoire. Je veux comprendre le pourquoi, le comment, je veux saisir ce qui m'anime et ce que représente l'autre pour lui permettre de grandir. Plus que tout, je veux prendre part à cette formidable symphonie de la vie dans laquelle nous avons tous un rôle à jouer. J'ai parfois l'impression que nous n'en sommes encore qu'aux balbutiements de nos plus intéressantes découvertes…

Dans ce livre, j'aborderai les sujets de prédilection qui me fascinent et qui m'enseignent la vie. Encore une fois, j'ai l'impression d'être tout près de vous, comme une amie avec qui vous auriez envie de vivre une entente profonde et exaltante.

J'ai le délicieux sentiment de vous retrouver pour poursuivre la discussion que nous avons amorcée. Je vous ai ouvert la porte avec mon premier livre et vous êtes venus nombreux. Vous m'avez fait cadeau de vos impressions, de vos expériences et de vos réflexions sur la vie. Vous m'avez confié vos ambitions et votre quête. C'est ce qui m'a encouragée à continuer. Je sentais que certains thèmes pouvaient être développés davantage et je souhaitais d'ailleurs aller plus loin sur le chemin de la belle vie.

Au cours de mon processus d'écriture, j'ai entendu à maintes reprises le mot «avide». Et chaque fois, on aurait dit que cela sonnait une cloche dans ma tête…

Puis, j'ai compris. Comme si à un certain niveau, nous savions que la vie peut être encore plus belle, qu'il existe un domaine encore plus grandiose auquel nous n'avons pas encore touché.

Lorsque nous ne sommes pas totalement satisfaits de notre vie, que nous doutons ou que nous souffrons, nous sommes «à vide». Nous avons alors besoin d'être nourris. Et quoi de mieux qu'un estomac vide à sustenter. Il est plutôt difficile de remplir une coupe déjà pleine, non?

Pour entreprendre ce cheminement qui nous nourrira profondément, nous aurons besoin de revenir à la base et de faire fi de notre ego. Nous devrons accepter de revoir nos croyances et de réévaluer notre trajectoire. L'humilité sera de mise ici. Car pour apprendre quelque chose de nouveau autant sur soi que sur la vie, il faut accepter de ne pas tout savoir ou de remettre nos certitudes en question.

Il n'est pas toujours aisé de se ramener à ce niveau. Nous voudrions tellement être quelqu'un de spécial. Et avec raison! Pourquoi croyez-vous qu'il est si important pour la plupart d'entre nous d'être vus, reconnus et aimés à leur juste valeur? N'est-ce pas parce que nous devrions être de cette façon puisque c'est ainsi que nous avons été créés? Ce serait l'ultime reconnexion en quelque sorte. Mais d'un autre côté, si nous sommes tous spéciaux, nous pourrions également en déduire que nous sommes tous ordinaires.

Il ne s'agit pas ici de se démarquer ou de s'élever par rapport aux autres, mais plutôt d'entrer à l'intérieur de soi, et simplement être. C'est ce que j'entends par « ordinaire ». Toutefois, la seconde partie de cette quête correspond à l'ajout de quelque chose de plus grand et de plus vaste. L'extra viendra alors se joindre à l'ordinaire, ce qui amènera une ouverture sur les autres et sur le monde.

Voilà donc l'invitation que je vous lance au fil des lignes qui suivent. Cheminons ensemble vers le cœur et l'essence même de notre être, puis ouvrons-nous au sublime et à tout ce qui rend la vie si belle !

Un vent de bonheur souffle…

⸺∞⸺

« D'un bonheur à l'autre
Le cœur à la fête
Trinquons à la nôtre,
À la vie et peut-être
Qu'on pourra, en suivant notre quête,
Apprendre à s'aimer
Le sourire au cœur. »

Le sourire au cœur
Paroles et musique de Mario Pelchat
Interprétée par l'auteur

⸺∞⸺

«Manifester son bonheur est un devoir ; être ouvertement heureux
donne aux autres la preuve que le bonheur est possible. »

ALBERT JACQUARD

Si l'on se fie au grand nombre de publicités qui
véhiculent le bonheur sous toutes ses formes ou

encore aux noms des produits qui y font référence, on pourrait croire que le bonheur est vraiment en train de devenir à la mode. Il est à souhaiter que cette mode demeure, me direz-vous !

Que l'on pense à Mercedes qui nous offre la clé du bonheur, ou à ce centre jardinier qui nous propose de cultiver le bonheur, on constate que la vague déferle. Chez Coca-Cola, on ouvre du bonheur et l'on peut même s'enrôler dans la brigade du bonheur !

En ce qui a trait aux produits, vous en trouverez une multitude aux noms faisant allusion à une idée de mieux-être. Le domaine vinicole commence aussi à suivre ce courant. Vous pourrez boire du vin Happy, Relax ou carrément Le Bonheur (qui est excellent d'ailleurs !). Dans certains supermarchés, vous trouverez même une collection de vins sur une déclinaison de *Wish* (souhaiter), *Wish for Love*, *Wish for Luck*, *Wish for Joy*, etc. Il n'y a pas à dire, on peut maintenant devenir très « in » quand vient le temps de célébrer ou d'offrir du vin en cadeau.

Vous constaterez une tendance similaire sur le plan musical. Combien de chansons se reportent à cette même thématique ? On a fait du chemin depuis le *Don't Worry, Be Happy* (Ne t'inquiète pas, sois heureux) de Bobby McFerrin ! Nous profitons maintenant d'une multitude de chansons optimistes et motivantes. D'ailleurs, je suis toujours agréablement surprise d'entendre des chansons avec des paroles aussi positives se retrouver sur les ondes de stations de radio ultra-branchées et qui s'adressent aux jeunes. Voilà une belle influence pour la jeunesse !

À propos de ces « *Happy Songs* » (chansons joyeuses ou heureuses), j'ai fait une découverte intéressante lors du deuxième congrès mondial de psychologie positive. Il est maintenant scientifiquement prouvé que les chanteurs qui chantent des chansons positives vivent plus longtemps que ceux qui chantent des chansons aux paroles négatives ou reliées à la souffrance. Vous me répondrez que cela a du sens, mais si nous poussons plus loin la réflexion, nous réalisons que le fait d'écouter des chansons positives ou inspirantes nous amène à rechercher davantage ce type de musique. « Qui se ressemble s'assemble » ! C'est le principe même de la loi de l'attraction.

Imaginons par exemple que vous venez de vous acheter une voiture blanche, de marque Toyota. Remarquez à quel point vous aurez l'impression d'en apercevoir plusieurs sur les routes au cours des jours suivant votre achat. Bien sûr, votre attention se concentrera sur ce point précis. Apprenez à contrôler ce sur quoi se porte votre attention puisque tout comme nos proches parents les singes, nous avons tendance à imiter, répéter, voire modéliser ce qui capte notre intérêt.

En voici la preuve : depuis que j'ai constaté l'émergence de toutes ces chansons significatives pour notre évolution, j'ai l'impression qu'elles se multiplient.

On dirait que mon observation se développe, que mon attention s'affine. Alors que je rédigeais ce chapitre, j'ai découvert *Voyage au paradis* à la radio, une chanson traduite par Boris Vian et interprétée par Diane Tell. En faisant une recherche, j'ai appris qu'il s'agissait d'une reprise de *Get Happy*, de Ted Koehler et Harold Arlen, un chant gospel des années 30. Vous ne pourrez que sourire en l'entendant !

En guise d'entraînement sportif, j'ai pris l'habitude de faire de la marche rapide et de la course. Dans le but de garder un bon tempo, je ne pars jamais sans mon iPod dans lequel se trouve une foule de chansons, dont plusieurs de Madonna. Un jour, je me suis mise à écouter plus attentivement les paroles de ses chansons et plus particulièrement celles de son album *Confessions on a Dance Floor*. Les premières paroles de la chanson *Jump* vont comme suit :

> *« There's only so much you can learn in one place. The more that you wait, the more time that you waste. »*

En français :

> *« Il y a une limite à ce que vous pouvez apprendre dans un même endroit.*
>
> *Plus vous attendez (en y demeurant), plus vous perdez de temps. »*

Tout un message, n'est-ce pas? La madone est en train de nous encourager à bouger, à ne pas avoir peur du changement et à sauter (*Jump*) dans la nouveauté.

Sur le même album, vous retrouverez la chanson *Let It Will Be*, à travers laquelle elle nous fait l'aveu d'un grand détachement et même d'un lâcher-prise par rapport à la célébrité et à tout ce que cela peut comporter. Il en va de même de la chanson intitulée *How High* dans laquelle elle admet nettement avoir beaucoup misé sur les valeurs matérielles dans la vie pour finalement se rendre compte de leur insignifiance. Révélateur et authentique tout de même!

Tout cela me permet de croire que nous sommes sur la bonne voie. Nous avons probablement atteint notre point de bascule, le 51 % vers l'évolution positive de ce monde. Je répète souvent que nous avons tendance à trouver ce que l'on cherche ou encore que ce que l'on cherche nous cherche aussi. C'est peut-être ce qui explique cette impression que le bonheur se diffuse de plus en plus. Observez à quel point les gens s'ouvrent davantage. On lit de plus en plus de livres de développement personnel ou de romans qui parlent du sens de la vie. Un nombre grandissant de scientifiques s'intéressent à la science du bonheur et, régulièrement, je me retrouve à discuter de ce type de sujet avec de parfaits inconnus.

C'est ce qui m'incite à demeurer optimiste même lorsque j'entends un animateur de radio dire à son auditoire: «Je suis heureux parce que ma journée de travail achève.» Je lui transmets alors des pensées d'amour et de lumière en souhaitant qu'il trouve sa voie qui a certainement un lien avec sa voix...

La charte de vie

« Faire à nouveau connaissance
De la fureur et du bruit
Du désir qui recommence
Que jamais rien n'assouvit
De joies en désespérances
Et d'enfers en paradis. »

Faire à nouveau connaissance
Paroles et musique de Diane Tell, Françoise Hardy
Interprétée par Diane Tell

« Se connaître nous fait plier le genou, posture indispensable
à l'amour. Car la connaissance de Dieu engendre l'amour,
et la connaissance de soi engendre l'humilité. »

MÈRE TERESA

J'ai souvent parlé de l'importance d'apprendre à se connaître. À un niveau de pleine conscience, cela consiste en quelque sorte à honorer le divin en nous. Nous sommes dotés de forces particulières, uniques, et il est de notre devoir de les découvrir pour réaliser notre mission.

Il existe de multiples façons d'apprendre à se connaître et chaque expérience vécue est susceptible de nous éclairer, et de nous permettre de nous découvrir davantage. Comme outil supplémentaire, je vous suggère de remplir le questionnaire appelé *Via Survey*, disponible sur Internet. Il a été créé par deux chercheurs en psychologie positive, les docteurs Martin E. P. Seligman et Christopher Peterson. En visitant le www.viacharacter.org, vous serez en mesure de répondre aux 240 questions qui vous dévoileront vos forces par ordre d'importance. Ce test est également offert en français.

Connaître nos forces et ce qui nous motive dans la vie, voilà qui aide à se comprendre, à approfondir la nourriture de l'esprit et à développer la meilleure version de soi en toutes circonstances.

En découvrant vos forces de caractère, vous pourrez les utiliser pour résoudre vos problèmes. Par exemple, si l'humour fait partie de vos cinq forces principales, le fait d'introduire de l'humour dans une situation donnée vous aidera à la dédramatiser et à remettre les choses en perspective, ce qui vous donnera un pouvoir encore plus grand pour la régler.

Aussi, lorsque vous serez avec d'autres, soyez la personne qui pose des questions positives dont le but est de faire ressortir les forces de chacun. Par exemple, demandez à vos amis et collègues de vous parler de leurs forces et de tout ce qui les fait vibrer. Encouragez-les à vous raconter leurs histoires à succès. Vous créerez ainsi une vague de bienveillance. La plupart des gens aiment parler d'eux, alors autant que ce soit positivement !

Et si vous êtes en présence de petits rebelles qui ont l'habitude de se nourrir de négatif, aidez-les à effectuer un recadrage. Devant des plaintes ou un discours négatif, demandez : « Est-ce bien ce que tu veux ? » Puis, aidez-les à définir ce qu'ils désirent vraiment à la place. Le recadrage s'avère très efficace et même amusant pour transformer notre discours ou nos perceptions. Par exemple, si quelqu'un déplore l'attitude d'un procrastinateur qui a l'habitude de tout remettre au lendemain, suggérez donc que cet individu est plutôt un « incubateur ». Il a seulement besoin de plus de temps ! Cherchez le côté positif en tout et vous le trouverez.

En effectuant moi-même le test, j'ai compris pourquoi la beauté était si importante à mes yeux, dans sa reconnaissance à travers ce qui m'entoure. En découvrant que l'humour et ma disposition à la bonne humeur étaient ma quatrième force, j'ai également compris pourquoi je suis autant attirée par les gens qui me font rire.

On oublie souvent (trop occupés que nous sommes parfois…) de nous poser les vraies questions, celles qui nous guident vers l'épanouissement de notre être dans le but de nous réaliser pleinement. Pour vous aider, je vous suggère d'élaborer votre *charte de vie*. Cette charte devra contenir les grandes lignes selon lesquelles vous désirez mener votre existence. Elle présentera ce qui est le plus important pour vous, vos valeurs profondes. Pour vous donner un exemple et vous inspirer, voici la mienne :

Ma charte de vie

- Évoluer en conscience ;
- M'émerveiller de la beauté qui m'entoure ;
- Vivre de manière authentique ;
- Goûter les plaisirs de la vie ;
- Servir dans la joie ;
- Trouver la paix ;
- Honorer mon corps ;
- Développer mon esprit ;
- Repousser mes limites ;
- Toucher la grâce ;

– Être en relation avec autrui par le cœur et l'âme ;

– Entretenir l'espoir.

Les éléments de votre liste ne nécessitent pas d'être inscrits par ordre d'importance ou de priorité. N'ajoutez surtout pas de pression à cet exercice. Faites-le en vous demandant ce qui compte le plus pour vous. Comment désirez-vous vivre votre vie ? À partir de quels principes ? Qu'est-ce qui donnera un sens à votre existence ?

Votre *charte de vie* pourra devenir votre ligne de conduite et elle vous permettra de vérifier en tout temps si vous êtes sur le bon chemin. Par exemple, lorsque vous ferez une nouvelle rencontre, vous pourrez estimer si cette relation respecte votre charte. Il en va de même pour un nouveau mandat ou lors d'une nouvelle implication.

Cette idée tire son origine de l'autobiographie de Benjamin Franklin dans laquelle il raconte comment il a créé sa « charte de vertus » qui devait le guider vers la perfection morale. Il avait noté treize vertus sur sa liste, des valeurs telles que la tempérance, l'ordre, le silence, la modération, la sincérité et l'humilité, pour ne nommer que celles-là. Chaque jour, il mesurait son progrès en s'évaluant par rapport à ses vertus.

Faites-en l'exercice avec les membres de votre famille ou des amis si le cœur vous en dit. Chaque fois que je pense à ce genre d'activité, j'imagine aussitôt d'organiser un souper avec cet exercice pour thématique. Les introspections en groupe sont souvent plus efficaces puisque vous bénéficiez de l'apport des autres et vous vous inspirez mutuellement.

Pour compléter cette activité de belle manière et vous assurer d'y recourir le plus souvent possible, pourquoi ne pas transcrire les éléments de votre *charte de vie* sur un carton? Vous pourrez même le faire encadrer et l'afficher par la suite dans un endroit où vous vous assurerez de le voir souvent. Et ne soyez pas gêné si les gens qui viennent chez vous l'aperçoivent, ils sauront à qui ils ont affaire et n'auront d'autre choix que de respecter vos règles de conduite.

Dans le même ordre d'idées, vous pourriez faire le bilan de vos apprentissages de vie à ce jour. Qu'est-ce que la vie vous a appris? Qu'avez-vous découvert qui vous semble significatif? Une autre idée de thématique pour un repas ou une rencontre amicale peut-être?

Rappelez-vous toujours que l'important n'est pas la manière de faire, mais ce que cela vous apporte. Soyez ingénieux et inventez vos propres exercices qui vous aideront à réfléchir et à évoluer en conscience.

Observateur de soi

—— ⊶ ——

« Peur, peur, on a toujours peur de passer un jour
juste à côté du bonheur (…)
Peur, peur, oui, petite fleur, on est tous ainsi, n'aie plus peur (…)
Peur, peur, on a tous si peur de gâcher sa vie, d'écouter battre
son cœur… »

N'aie plus peur
Paroles et musique d'Yves Duteil
Interprétée par l'auteur

—— ⊶ ——

« Les problèmes ont toujours la dimension qu'on leur donne. »
LISE MICHAUD (ma maman!)

Dans une période plutôt mouvementée de ma vie, j'avais développé cette fâcheuse manie de « manger mes émotions ». D'une semaine à l'autre, je voyais les kilos s'accumuler et mon poids était très évident, autant sur le pèse-personne que pour mes vêtements qui donnaient l'impression de rapetisser à vue d'œil.

Puis, un soir, alors que je tentais de me changer les idées en regardant un film, je me suis vue. Pour de vrai. Je mangeais des croustilles, pas une à la fois ou de manière civilisée, mais plutôt en me bourrant, et ce, à un rythme effréné. J'ai eu un choc. Je ne me reconnaissais plus. Où était passée celle qui, naguère, faisait attention à son alimentation et qui prenait soin de manger avec grâce et délectation? Ce fut un véritable arrêt sur pause de moi-même, pour me permettre de voir un peu plus loin et prendre conscience de quelque chose de primordial. J'essayais de combler par la nourriture ce manque affectif qui me faisait tant souffrir. Tout bien considéré, ce n'était certes pas la meilleure stratégie à adopter!

À partir de cet instant, je me suis reprogrammée. J'ai surtout décidé de garder cette image dégoûtante de moi-même à l'esprit pour l'utiliser comme catalyseur de changement. C'est ainsi que dans les jours qui ont suivi, je suis tombée par hasard sur un livre audio de Doreen Virtue, intitulé *Guérissez votre appétit, guérissez votre vie*. J'avais encore très frais à la mémoire le contenu d'un atelier suivi avec Doreen où elle nous rappelait la nécessité de demander l'aide de nos anges. Très respectueux de notre libre arbitre, ces derniers n'interviennent pas dans nos vies à moins que nous ne leur en fassions la demande explicite. Je les invitai donc à m'accompagner dans ce processus de perte de poids et de remise en forme et en santé.

Les jours suivants se sont avérés littéralement empreints de magie. Je n'avais plus autant le goût de boire du vin ni de grignoter entre les repas ou de me goinfrer. Je suis plutôt devenue plus présente à moi-même et donc plus respectueuse de mon corps. Je prenais le temps de me concocter davantage de repas santé et je savourais lentement jusqu'à ressentir mieux la satiété. Je me suis également remise à marcher et même à courir. Et c'est un cercle vertueux puisque lorsque nous faisons des efforts physiques, nous avons automatiquement l'élan d'y combiner une saine alimentation. Puis, petit à petit, plus les résultats commencent à apparaître, plus notre motivation se renforce.

Le plus difficile consiste à conserver ces nouvelles habitudes santé à la suite d'un écart... C'est fou comme une seule petite entorse au processus peut rapidement se transformer en laisser-aller complet. Tout comme dans la vie, il faut apprendre à se pardonner et poursuivre son chemin en gardant son objectif bien présent dans son esprit. Je reviendrai dans un prochain chapitre sur la persévérance qui nous permet de dépasser cette première phase de découragement.

Nous pouvons jouer notre rôle d'observateur ou d'observatrice de soi quand il s'agit de perdre du poids, mais également pour une multitude d'autres facettes et d'aspects fondamentaux utiles à notre évolution.

Devenir observateur de ce que nous sommes nous confère une grande force, celle du détachement. Nous prenons alors un certain recul, voire une pause, nous permettant de prendre conscience de notre situation pour pouvoir agir par la suite. Quand on y pense, c'est absolument extraordinaire que l'être humain possède cette capacité!

Alors, pourquoi ne pas l'utiliser? C'est d'ailleurs ce qu'enseigne le «Mindfulness» (ou pleine conscience), dont je vous ai parlé dans mon prologue: devenir plus présent à soi pour mieux vivre. Il semble que la meilleure façon d'intervenir, les mesures les plus valables à prendre à certains moments, consistent à tout arrêter et à simplement observer.

Pour tout problème (ou ce qui vous semble en être un), prenez l'habitude de vous observer d'abord. Faites comme si vous sortiez de votre corps pour vous donner une vue d'ensemble, mais surtout regardez-vous avec franchise et amour. Observez-vous en toute honnêteté. Et attendez-vous à avoir tout autant de bonnes que de mauvaises surprises. C'est l'équilibre de la vie. Mais dites-vous aussi que tout ce qui vous apparaîtra plutôt vilain ou désagréable est également détenteur d'une clef d'évolution.

S'observer permet de s'élever et donc de changer de fréquence. Combien de fois ai-je entendu: «Christine, tu as le nez trop collé sur l'arbre. Éloigne-toi un peu et vois l'ensemble de la forêt»? J'imagine une caméra qui est en mode zoom. En appuyant sur le bouton qui agrandit l'image, je me donne une tout autre perspective. On relativise à ce moment-là. Un élément croqué sur le vif et isolé de son contexte peut rapidement perdre de son sens. L'être humain est venu sur terre pour vivre parmi ses semblables et ainsi expérimenter la vie.

Apprendre à développer cette stratégie de l'observation de soi va vous aider à évoluer en conscience. Voici d'ailleurs quelques-uns des avantages qu'il ne tient qu'à vous d'acquérir :

- Vous serez davantage dans le moment présent.

- Votre intuition s'amplifiera comme tous vos autres sens s'affineront.

- Vous aurez encore plus confiance en vous.

- Vos actions seront mieux ciblées et par conséquent plus efficaces.

- Vous serez davantage touché par la beauté et les vertus morales.

- Vous aurez plus d'énergie.

- Vous sentirez une douce paix intérieure s'installer.

Neutraliser d'abord pour élever

⸺∞⸺

« Commence aujourd'hui, ici, maintenant
Tu es important
Fais ce qu'il faut pour être bien, léger, libre et béat
On est ce que l'on croit. »

La lune est belle
Paroles et musique de Christian Sbrocca
Interprétée par l'auteur

⸺∞⸺

« Il suffit qu'une âme s'élève pour que s'élève
l'ensemble de l'humanité. »
BERNARD WERBER

Dans mon premier livre intitulé *C'est beau la vie*, je donnais des trucs de renforcement positif pour attirer la manifestation de nos désirs dans notre vie. Entre autres, je suggérais d'utiliser les mots pivots «j'annule et j'efface» lorsque des pensées négatives ou de doute tentaient de s'immiscer dans notre esprit.

En lisant les courriels des lecteurs et en écoutant les conversations autour de moi, je me rends compte que la neutralisation est une étape primordiale à toute transformation positive. C'est la base ou les fondations de tout ce qui va suivre. C'est la première étape après l'observation, le stade où l'on arrête l'hémorragie. La cicatrice ne pourra commencer à guérir et à se refermer qu'à partir du moment où le sang aura cessé de couler…

Pour toute situation de votre vie qui ne va pas comme vous le souhaiteriez, qui vous décourage ou vous attriste, vous ne trouverez pas nécessairement facile de passer de cette phase négative à une autre plus positive. Il vous faut y investir efforts, temps et énergies. Ça vous prend un tampon entre les deux. C'est le temps d'arrêt qui permet la prise de conscience. Imaginez que vous prenez des vacances du négatif dans votre vie pour recharger vos batteries et ainsi vous permettre de revoir votre trajectoire, et de penser à des stratégies de transformation. C'est la période de recul nécessaire à toute évolution.

Selon *Le Petit Robert*, neutraliser signifie rendre neutre certes, mais également «empêcher d'agir, par une action contraire qui tend à annuler les efforts ou les effets; rendre inoffensif».

Tant qu'une situation vous « affecte », vous demeurez en état de faiblesse, ce qui rend plus ardue la démarche d'amélioration. D'ailleurs, ne dit-on pas que tout ce qui nous affecte nous infecte ?... C'est parfois insidieux, mais pour vivre dans toute la puissance de notre être, nous avons le devoir de guérir nos infections…

À ce sujet, voici un poème de Bianca Gaïa qui circule sur Internet à propos de la loi de l'attraction :

> « Ce que l'on réprime, s'imprime
> Ce à quoi l'on résiste, persiste
> Ce qui nous affecte, nous infecte
> Ce que l'on fuit, nous poursuit.

> « En revanche, heureusement,
> Ce à quoi l'on fait face, s'efface
> Ce que l'on visualise, se matérialise
> Et ce que l'on bénit, nous ravit… »

Peut-être vivez-vous une relation interpersonnelle avec quelqu'un qui vous tape sur les nerfs ? Ou peut-être vous jugez-vous continuellement par rapport à un trait de votre personnalité ou une particularité physique ?

Par exemple, il se peut que vous ayez l'impression d'être à quelques kilos du bonheur. Tant que vous vous regarderez avec dédain et vous vous critiquerez (réalité déformée), vous ne canaliserez pas la force nécessaire pour vous transformer. Dans ce cas, pourquoi ne pas neutraliser la situation en apprenant à vous aimer tel que vous êtes, AVEC les kilos en trop.

Mettez l'accent sur ce que vous trouvez beau à propos de vous-même (et il y a certes plusieurs éléments, ne tentez pas de me dire le contraire! Si vous n'y arrivez pas, envoyez-moi une photo de vous et je vous en trouverai!) Vous avez certainement déjà entendu la fameuse phrase: «Quand on se compare, on se console.» Appliquez également cette stratégie en regardant des gens qui ont encore plus à perdre que vous et vous aurez l'impression d'avoir une longueur d'avance sur eux. Achetez-vous quelques vêtements qui mettent en valeur votre silhouette, qui vous font paraître au mieux, et dans lesquels vous vous sentez bien malgré et AVEC vos kilos en trop. Ils vous serviront de pièces de linge de transition. C'est de cette façon que vous neutraliserez la situation.

Il en va de même pour une relation qui bat de l'aile ou nous empoisonne carrément l'existence. Pour neutraliser la situation, commencez par vous demander pourquoi cet être vous bouleverse à ce point? Je sais, vous n'aimerez pas mes prochaines questions… Mais en quoi cette personne vous ressemble-t-elle? Ce qui vous énerve à son propos fait probablement partie de vous aussi… À quel moment avez-vous tendance à lui ressembler? Qu'est-ce que la vie tente de vous transmettre comme message?

Puis, tout doucement, faites en sorte de rechercher des points positifs chez cette personne. Et voyez à quel point ces mêmes aspects positifs de vous-même se mettront également en lumière. Fixez-vous comme objectif de découvrir au moins une qualité par jour par exemple, autant chez votre partenaire que pour vous-même.

À partir du moment où nous formulons une demande, je suis persuadée qu'elle est entendue et exaucée. Néanmoins, notre tâche consiste à permettre que le dénouement se fasse. Et qu'est-ce qui se cache dans le mot «dénouement»? DÉNOUER... Ce qui signifie défaire les nœuds, délier, démêler, détacher et ultimement éclaircir.

Y a-t-il des nœuds à défaire dans votre vie aujour-d'hui? À quoi êtes-vous attaché qui est devenu obsolète, voire nuisible? Où se situent vos zones d'ombre? Où pourriez-vous amener davantage de lumière?

C'est le chemin de l'élévation, le travail de déta-chement qui enlève les barrières, repousse les limites et permet de laisser jaillir la lumière. Cette lumière qui est déjà en vous.

Développez le réflexe de régler les choses ou de les neutraliser au fur et à mesure. Plus vous attendez pour vous défaire de vos nœuds, plus ils risquent d'être fort bien ficelés et par conséquent plus difficiles à délier. Mais je vous en assure, n'ayez aucune crainte, car vous y arriverez toujours. Vous aurez peut-être simplement besoin d'outils plus efficaces.

Je me disais justement récemment : « *On ne s'en va pas, mais on s'en vient.* » Car c'est en s'abaissant (hors de l'ego) qu'on s'élève et c'est en revenant au cœur de soi, en rétablissant la connexion, que l'on réalise son plein potentiel. C'est là que les vrais miracles peuvent se produire...

Défaire les nœuds ou se détacher pourrait aussi vouloir dire « accepter ». Les choses finissent toujours par s'arranger, surtout si on les accepte dans l'état où elles sont ! Mais pour cela, il faut être capable de se dire la vérité (se connaître et voir les choses telles qu'elles sont) et d'exercer une certaine forme de lâcher-prise.

Avez-vous remarqué comme on peut parfois avoir des moments de grâce ou des prises de conscience dans des endroits inusités, dans des circonstances inattendues, ou par rapport à de petites choses que l'on voit souvent, mais qui ne nous étaient pas encore apparues sous cet angle en particulier ?

J'étais au volant de ma voiture quand j'ai aperçu (mais vraiment cette fois !) la phrase inscrite sur le rétroviseur :

Objects in mirror are closer than they appear.

Ce qui m'a soudainement fait penser à notre manière de percevoir les choses ou les événements dans notre esprit. On devrait peut-être se faire tatouer sur le front la phrase suivante :

*Dans notre tête, la réalité est parfois
amplifiée ou déformée.*

Ce serait un bon rappel pour toutes ces fois où nous sommes portés à exagérer l'ampleur d'un problème ou d'une situation. Ou encore, à l'inverse, certains auront la fâcheuse habitude de se dévaloriser ou de diminuer tout ce qui les concerne.

Pour ne pas nous laisser envahir par des pensées déformées, nous avons besoin d'un juge en quelque sorte. Quelqu'un de complètement neutre, qui sait faire la part des choses. C'est « l'observateur de soi » que je vous ai présenté auparavant. De manière détachée, il voit ce qui est et agit selon son bon jugement. Nous avons une expression au Québec qui décrit parfaitement ce qui risque d'arriver si nous ne pratiquons pas cette technique d'observation de soi. On risque de « partir en peur » ! C'est ce qui se passe lorsque l'on voit le pire ou lorsque l'on invente des scénarios négatifs ou même horrifiants.

Certains diront que ce n'est pas facile de devenir zen avec la méthode de l'observateur, mais c'est sans contredit la voie de la paix et du bien-être. Chose certaine, VOUS choisissez. Vous ne choisissez pas ce qui vous arrive, mais vous choisissez la façon d'y réagir. Je sais, nous l'avons souvent lu ou entendu, mais vous conviendrez avec moi que nous avons parfois besoin d'un rappel...

Et pourquoi pensez-vous que la réalité est amplifiée ou déformée dans notre tête? Encore une fois, c'est que nous n'avons pas une vue d'ensemble de la situation. Nous vivons le problème de trop près.

J'ai vécu une telle expérience dont j'ai tiré cette leçon au cours d'une croisière dans les Caraïbes de l'Ouest. Parmi les escales prévues, nous nous sommes arrêtés sur l'île de Roatan, au Honduras. Lors d'une excursion dans la jungle de cette île magnifique, nous devions voir des singes capucins.

Belle leçon de vie

Je me sentais comme une enfant de cinq ans sur le point de faire son entrée à Walt Disney. Imaginez, le guide nous avait promis non seulement d'apercevoir des singes capucins, mais également une interaction avec ces joyeux mammifères. Bien entendu, nous devions d'abord respecter quelques consignes d'usage... Il fallait enlever bijoux, sacs ou tout autre article susceptible d'intéresser nos futurs amis, au point où ils décideraient de nous les confisquer.

Juste avant d'arriver à notre point de rencontre, le guide nous donna cet avertissement: si jamais un singe s'emparait d'un de nos articles, il ne fallait surtout pas essayer de lui enlever. En fait, avec ces adorables bêtes, mieux valait lâcher prise et les laisser s'amuser avec ce qu'elles voulaient, car de toute façon, elles finiraient par s'en lasser. C'est exactement ce qui m'arriva avec le petit coquin qui sauta sur mon épaule pour me piquer mon serre-tête. Il se sauva rapidement avec mon accessoire de cheveux pour aller jouer haut perché dans les branches d'un arbre. Puis, mon serre-tête perdit tout intérêt pour lui et il le laissa retomber par terre.

Quelques minutes après mon aventure, je me rendis compte que ce moment avec les singes était vraiment porteur d'une grande sagesse... Nous devrions peut-être agir exactement de la même façon avec les événements fâcheux de notre vie. Plutôt que d'essayer de lutter et de forcer les choses lorsque ça ne va pas à notre goût, nous aurions sans doute avantage à laisser aller (ou à neutraliser) en nous disant que de toute façon, les choses finiront par s'organiser pour le mieux. Ne dit-on pas justement que le temps arrange les choses ?

Vous avez sûrement déjà entendu des expressions telles que: « Tu ne t'en rappelleras plus le jour de tes noces ! » ou encore « Après la pluie, le beau temps ! » Comme quoi, tout finit toujours pas passer ou s'estomper... Mon ami auteur, Marc Fisher, a déjà avoué toujours attendre au lendemain pour être malheureux. Ça relativise...

Quand on y pense, les blessures émotionnelles ne sont pas si différentes des blessures physiques au fond. Elles ont également besoin de temps pour guérir et se cicatriser. Alors, cessez de gratter vos gales!

Mêlons-nous de nos affaires !

———❦———

« Et qui sommes-nous pour juger ?
Oh ! sous la pluie, on voit jamais son chemin. »

Sous la pluie
Paroles et musique de Rudy Caya
Interprétée par Vilain Pingouin

———❦———

« Il est effrayant de penser que cette chose qu'on a en soi,
le jugement, n'est pas la justice. Le jugement, c'est le relatif.
La justice, c'est l'absolu. Réfléchissez à la différence
entre un juge et un juste. »
VICTOR HUGO

*Belle
histoire
qui fait
réfléchir*

Imaginez que vous êtes dans un avion et que deux
enfants près de vous se chamaillent et hurlent sans
arrêt. Pire encore, leur mère donne l'impression de s'en
ficher complètement. Elle dort, installée confortablement

dans son siège. On peut voir l'impatience et la colère dans le regard des gens autour. Quelle sorte de mère peut bien tolérer pareille situation? Certains se diront qu'elle ne doit pas être une bonne mère, ce qui manifestement a produit de véritables petits monstres. Vous irez peut-être jusqu'à penser que cette femme n'a aucun respect pour les autres, qu'elle est paresseuse, égoïste et ignoble.

Puis, surpris, vous voyez l'agente de bord venir s'adresser aux enfants avec une infinie douceur. Vous en profitez pour lui demander si elle ne pourrait pas plutôt demander à la maman de bien vouloir calmer ses enfants. Et voici ce que l'agente de bord vous répond:

«Oh, je suis vraiment désolée que ces enfants perturbent votre vol. Cependant, vous devez savoir ce qui vient de leur arriver. Leur papa a eu un accident de voiture alors qu'il était à l'extérieur avec l'aîné des trois enfants. Leur père est mort sur le coup et leur frère lutte actuellement pour sa vie à l'hôpital. Cette femme courageuse doit maintenant se rendre sur place pour identifier le corps de son mari et veiller sur son enfant qui est hospitalisé. N'ayant trouvé personne pour garder ses deux autres enfants, elle n'a eu d'autre choix que de les amener avec elle. Ces enfants sont jeunes et ne réalisent pas encore ce qui leur arrive. Toutefois, ils ressentent probablement certaines choses, ce qui explique sans doute leur état plutôt agité. Mais soyez assurés que nous allons tout faire pour qu'ils nuisent le moins possible à votre quiétude.»

Comment réagiriez-vous à ce moment-là? Vous seriez probablement tenté de prendre vous-même soin des enfants pendant le vol. Vous ressentiriez un élan de compassion pour cette femme et votre propre confort deviendrait alors tout à fait secondaire, n'est-ce pas?

Combien de fois jugeons-nous les gens qui nous entourent sans savoir ce qu'ils vivent vraiment? Nous les jugeons souvent en inventant des histoires qui ne correspondent pas à la réalité, la plupart du temps. Nous détenons rarement la vérité puisque chacun possède la sienne. Nous regardons les êtres et la vie à travers notre prisme et c'est en cela que la réalité nous apparaît déformée. Nous portons un jugement à partir de nos valeurs et de notre vécu. Mais où se situe la vérité? Probablement quelque part entre les extrêmes…

Remarquez comme nous critiquons, blâmons et condamnons facilement ce qui est différent de nous. C'est plutôt égocentrique quand on y pense. Par exemple, lorsque nous jugeons les choix ou les agissements de quelqu'un d'autre, nous pourrions nous demander en quoi cela nous regarde? Et qui sommes-nous pour juger les autres? Il me semble que nous avons amplement de quoi nous jauger avec notre propre existence. Mêlons-nous donc de nos affaires!

Dans cette optique, je vous suggère de garder cette petite phrase en tête: «De quoi je me mêle?» Ainsi, lorsque vous serez tenté de juger quelqu'un, pensez-y et vous finirez par développer une saine habitude beaucoup plus humaine et soucieuse du vécu des autres. De plus, en cessant de juger autrui, vous deviendrez un modèle pour votre entourage. Ils n'oseront plus le faire eux-mêmes en votre compagnie et espérons qu'ils s'empresseront de vous imiter dans leur vie aussi.

Pensez à une histoire que l'on vous raconte à propos de quelqu'un. Vous serez peut-être tenté de le juger parce que vous ne connaissez pas tous les éléments. Réfléchissez-y, vous n'avez somme toute que la vision limitée de la personne qui vous raconte l'histoire. Si vous agrandissiez l'image, vous comprendriez probablement les véritables raisons pour lesquelles la personne que vous jugez si sévèrement, sans savoir de quoi il en retourne, a agi comme elle l'a fait, par exemple.

Comme on le voit, tout s'explique. On juge souvent ce que l'on ne comprend pas, faute de voir la situation dans son ensemble. Il nous manque tout bonnement des éléments pour pouvoir faire les déductions qui s'imposent. Ceci est valable autant pour les autres que pour soi-même.

Rappelons-nous surtout de nous accepter tels que nous sommes, avec nos forces et nos faiblesses. Il se peut que nous jugions parfois, mais cela n'empêche pas l'amour. Ce n'est pas une question de «ou», comme

dans juger ou aimer, mais plutôt une question de « et »,
comme dans juger et aimer.

On appelle cela « expérimenter la vie ». Le but ne
consiste pas à rechercher la perfection et à vivre
constamment dans le non-jugement. Selon moi, la
perfection se vit justement dans la conscience de
l'imperfection (j'y reviendrai). Devenez seulement plus
attentifs à vos pensées et vos comportements, et vous y
gagnerez la force pour les transformer. Les anglophones
diraient que c'est un *« work in progress »*. Le travail
d'une vie !

Et c'est tout

« C'est comme ça, c'est comme ça
Que la vie doit être
C'est comme ça, c'est comme ça
Faut pu qu'je m'embête
À trouver le reste du casse-tête. »

C'est comme ça
Paroles et musique de William Deslauriers
Interprétée par l'auteur

« Il y a trois choses qu'un homme ne doit pas ignorer s'il veut
survivre assez longtemps en ce monde : ce qui est trop fort pour lui,
ce qui est trop peu pour lui et ce qui lui convient parfaitement. »

PROVERBE BANTOU

V ous avez sûrement déjà entendu l'adage qui dit
que tout commence d'abord par soi. Vous ne

pouvez pas sauver le monde sans d'abord vous sauver vous-même. Vous ne pouvez pas enseigner une habileté sans la maîtriser vous-même en premier. Et ainsi de suite.

Alors, si vous voulez développer l'habitude du non-jugement envers autrui, commencez par cesser de vous juger vous-même. J'ai souvent suggéré à des copines de devenir leur propre meilleure amie. C'est une manière plus subtile de les amener à s'aimer. Ça nous paraît parfois un immense défi d'en arriver à nous aimer. Mais comme pour toute chose dans la vie et pour tout objectif à atteindre, nous avons intérêt à procéder par étapes. Le processus nous semble alors plus facile ou du moins réalisable.

Donc, dans le but de devenir votre meilleur ami (ou seulement votre allié, si vous préférez), reprenez la tactique de l'observateur pour apprendre à cesser d'émettre des jugements à votre égard. L'exercice qui suit vous y aidera.

Une amie était de passage chez moi pour le week-end. Elle était en train de lire le livre de John Welwood intitulé *Parfait amour, imparfait bonheur : Guérir les blessures du cœur*. À plusieurs reprises, lors de ce week-end, Maryse me lisait des passages du livre ou y faisait référence. À la blague, elle commençait toujours son élocution en disant : «Pour la huit cent dixième fois (ou un autre chiffre toujours plus impressionnant), voici ce que John Welwood dit à propos de...» Car, il faut bien se l'avouer, tout comme les enfants, nous avons besoin de nous faire répéter plusieurs fois les mêmes choses pour finalement parvenir à les intégrer. Mais de quoi parlait donc ce cher monsieur Welwood, me direz-vous ? Il recommande avec insistance à ses lecteurs de cesser de porter des jugements, mais surtout d'arrêter de nous comparer constamment ou de nous justifier. Vous verrez que si vous amorcez cette réflexion pour vous-même, vous constaterez qu'on le fait pratiquement tout le temps !

Par exemple, lorsque l'on vous remercie pour quelque chose de louable, vous aurez peut-être tendance à vous diminuer en disant que vous n'avez pas accompli cet exploit tout seul. Même réflexe quand on vous complimente pour un vêtement et que vous vous empressez de dire que c'est une vieillerie ou encore que c'était une aubaine.

Prenez conscience à quel point vous en rajoutez continuellement pour vous diminuer, vous disculper ou pour vous justifier. Ou encore, vous avez peut-être cette tendance à amoindrir votre valeur. Vous réalisez avec brio telle ou telle chose, et tout de suite, vous ressentez le besoin d'affirmer que vous n'êtes pas bon. Ou bien, vous exagérez la situation. Vous lui donnez une trop grande importance ou encore vous généralisez.

Ma chère amie lectrice de Welwood me fit prendre conscience de quelques-uns de mes comportements de ce type… Lorsque je ne parvenais pas à me souvenir de quelque chose, j'avais tendance à affirmer tout de go que je n'avais pas de mémoire. Pour contrebalancer mon affirmation, elle me révéla toutes ces fois où j'avais fait preuve d'une excellente mémoire. Alors, dans une telle situation, plutôt que de répondre: «Ah, tu sais, moi je n'ai pas de mémoire», je pouvais simplement dire: «Je ne m'en souviens pas». <u>Et c'est tout</u>. Il n'y avait rien à ajouter.

Ce fut d'ailleurs mon cadeau de ce week-end entre copines. J'ai découvert une nouvelle astuce que j'ai baptisée le «et c'est tout». Je tâche de m'en rappeler quand je commence à me juger ou à me justifier. Et comme il est prouvé que d'enseigner une chose à quelqu'un d'autre nous permet de l'assimiler davantage, je m'amuse à rebattre les oreilles de mes proches avec mon «et c'est tout». Et ça marche!

Apprenons à dire les choses telles qu'elles sont, et à nous assumer sans toujours ressentir le besoin de nous justifier.

Par exemple:

– Je ne veux pas marcher sous la pluie parce que mes cheveux frisent, et je choisis donc de prendre un taxi alors que tout le monde décide d'y aller à pied même s'il pleut.

Je prends le taxi et c'est tout.

– On me demande de m'impliquer dans une cause, et je ne peux pas parce que mon agenda déborde déjà.

Je dis non et c'est tout.

Enseignez la technique du « et c'est tout » autour de vous et vous sentirez un poids énorme se délester de vos épaules. Vous deviendrez un agent de changement et de libération.

À bas les justifications et vive l'affirmation de soi !

Je te vois

———— ❧ ————

« C'est étrange peut-être
Cette curiosité
Voir enfin pour admettre
Et pour ne plus imaginer. »

Je voudrais la connaître
Paroles et musique Jean-Jacques Goldman
Interprétée par Patricia Kaas

———— ❧ ————

« Nous aspirons ambitieusement à tout comprendre,
et nous ne le pouvons pas. Nous pouvons religieusement
tout observer, et nous ne le voulons point. »

SAINT-ÉVREMOND

Peu de temps après avoir commencé à m'observer
davantage, j'ai eu l'occasion de vivre une expérience
qui m'a permis de mieux approfondir le concept. J'étais

dans une chambre d'hôtel à Philadelphie et en regardant par la fenêtre, j'ai aperçu un petit oiseau sur le toit de l'édifice voisin. En l'observant, j'ai songé à quel point nous ne sommes pas toujours conscients de ce qui nous entoure. Ce petit oiseau jouissait de sa liberté et ne savait pas que je l'observais de loin.

Plus je le regardais, plus j'avais l'impression de créer un lien avec lui. Je pouvais même ressentir de l'amour pour lui dans mon cœur. Je suis repartie en le bénissant intérieurement. C'est alors que j'ai pensé, si je regarde cet oiseau sans qu'il le sache et que je lui envoie de l'amour en plus, il se pourrait que quelqu'un soit en train de faire la même chose pour moi en ce moment même.

Il est difficile d'expliquer ici à quel point cette prise de conscience m'a fait du bien. Je réalisais *consciemment* que je n'étais pas seule. Peut-être qu'à l'instar du petit oiseau, quelqu'un veillait aussi sur moi à certains moments. En fait, j'oserais même croire qu'il y a toujours quelqu'un qui nous voit et que nous ne sommes jamais seuls.

En poussant encore plus loin la réflexion, on peut même se référer à d'autres dimensions en pensant que nous sommes entourés et accompagnés. Qu'on les appelle guides, anges ou autrement, il se pourrait que nous soyons davantage observés que nous le croyons… Mais entendons-nous bien! Je parle ici de présences aimantes qui ne jugent pas, qui sont là simplement pour nous accompagner.

Revenons au petit oiseau. On peut penser que pendant que je le regarde, quelqu'un me voit également. C'est ce qui mène à l'idéologie selon laquelle nous ne faisons qu'un. Nous sommes tous reliés parce que nous nous voyons les uns les autres. Et que signifie réellement cette *conscience* de l'autre? J'ai trouvé une réponse en visionnant le film *Avatar*. Les personnages de cette histoire se disent «Je te vois», ce que nous pourrions traduire par:

« Je vois en toi. Je te comprends et je t'honore.
Je vois le divin en toi. »

Les Indiens utilisent fréquemment la salutation du *Namasté* que l'on pourrait interpréter ainsi: «Je salue le soleil qui est en vous», ou: «Je salue le divin en vous», ou encore: «Le divin en moi accueille le divin en vous». Donc, «Je te vois» signifie que je perçois la meilleure version de toi. Je vois plus loin encore que tes traits physiques ou caractériels. Je vois ton essence.

En pratiquant cette manière d'entrer en contact avec les autres, j'ai constaté à quel point la rencontre s'avère différente. En étant ainsi ouvert et présent, vous voudrez d'abord vous intéresser à l'autre. Vous allez sur son terrain et à partir de là, vous voyez s'il vous rend la pareille.

De cette façon, vous n'entrez pas en contact au niveau de l'ego en faisant tout pour vous faire valoir et paraître intéressant, mais vous allez plutôt ouvrir votre cœur et votre âme pour vous intéresser à l'autre. En vous ouvrant ainsi, vous l'invitez à en faire autant. La connexion se passe alors à un niveau plus conscient.

Ce faisant, vous constaterez que l'important n'est pas de juger un être humain qui vous semble mauvais, mais de comprendre pourquoi il est ainsi. Vous serez alors en mesure d'aller le rencontrer sur son propre terrain pour l'aider à trouver sa source, et ainsi à laisser jaillir sa lumière qui automatiquement fera également émerger la vôtre.

Ce sont des enfants qui m'ont enseigné un truc pour me rappeler de voir la vie et les gens avec amour en toutes circonstances. Ces élèves de l'école Jean XXIII, à l'Ange-Gardien en Montérégie, ont écrit un livre intitulé *Où se cache le bonheur?* Parmi les nombreuses facettes de leur projet, ils se sont fabriqué des lunettes du bonheur et m'en ont gentiment offert une paire. Ces lunettes ont l'amour pour filtre. Elles donnent toujours une vue d'ensemble, et se concentrent sur le positif en tout.

Portant fièrement mes nouvelles lunettes lors d'une conférence dans une autre école, j'enseignai ce principe aux enfants présents. À la fin de mon exposé, un jeune garçon m'attendait pour me parler à l'écart des autres. Petit et plutôt frêle, il semblait gêné, mais animé d'un grand désir de me partager son secret. Il portait des lunettes avec des verres assez épais et je me doutais qu'il avait peut-être déjà fait rire de lui en raison de cette particularité notable. Mais voici ce qui lui tardait de me confier :

« Aujourd'hui, j'ai compris que j'étais un garçon très chanceux puisque je porte en tout temps de vraies lunettes du bonheur. »

À ce moment précis, j'eus le sourire aux lèvres, et mon cœur battit plus fort dans ma poitrine. Je luttai contre les larmes de gratitude qui me montaient aux yeux… J'ai regardé ce garçon sortir de la salle et je me suis dit : « *Que c'est beau la vie !* » Merci aux enfants de l'école Jean XXIII qui, sans le savoir, ont été de véritables messagers du bonheur pour ce petit garçon, et combien d'autres (dont moi !) Il est fascinant de constater à quel point chacun a son rôle à jouer et combien toutes les petites actions comptent. Ce qui me rappelle une petite histoire dont je ne connais malheureusement pas l'auteur. La voici pour vous :

« Alors qu'il marchait à l'aube sur la plage, un homme âgé vit devant lui un jeune homme qui ramassait des étoiles de mer et les jetait à l'eau. Il finit par le rejoindre et lui demanda pourquoi il agissait ainsi.

Le jeune homme lui répondit que les étoiles de mer mourraient s'il les laissait là jusqu'au lever du soleil.

«Mais la plage s'étend sur des milliers de kilomètres, et il y a des millions d'étoiles de mer, répliqua-t-il. Quelle différence cela va-t-il faire?»

Le jeune homme regarda l'étoile de mer qu'il tenait dans sa main et la lança dans l'écume.

Il répondit: «Cela fera une différence pour celle-ci.»

Habituez-vous à porter vos lunettes du bonheur. Prenez l'engagement de vous observer davantage dans les prochains jours ou semaines et voyez la transformation s'opérer. Vous ferez de formidables découvertes et, éventuellement, un grand bond dans votre évolution.

Les anges terrestres

« Notre vieille Terre est une étoile
Où toi aussi tu brilles un peu
Je viens te chanter la ballade
La ballade des gens heureux… »

La ballade des gens heureux
Paroles de Pierre Delanoë et musique de Gérard Lenorman
Interprétée par Gérard Lenorman

« Nous sous-estimons souvent le pouvoir d'un contact, d'un sourire,
d'un mot gentil, d'une oreille attentive, d'un compliment sincère,
ou d'une petite attention : tous ces gestes ont le pouvoir
de changer une vie. »

LEO BUSCAGLIA

Il y a quelques années, le jour où je venais d'apprendre
le décès d'un de mes meilleurs amis, je me trouvais

dans le hall d'un immeuble de bureaux dans l'attente d'une rencontre de la plus haute importance. J'aurais bien voulu annuler ce rendez-vous en raison de mes émotions à fleur de peau et de mes yeux rougis et gonflés à force de pleurer, mais ce n'était pas possible.

Armée de mon courage, j'étais là à attendre, espérant qu'on ne fasse pas trop de cas de mon état émotif, lorsqu'un homme sortit à toute vitesse en jetant un regard fasciné sur moi. Il s'arrêta net et me dit : « Madame, laissez-moi vous dire à quel point je vous trouve belle ! » Puis, il repartit aussi vite qu'il était arrivé. Mais il revint à nouveau vers moi pour ajouter : « Sachez que je ne vous drague pas, car je suis gai. » Et toujours à la même vitesse fulgurante, il déguerpit !

Il ne le saura probablement jamais (à moins qu'il ne lise ce livre…), mais ce jour-là, cet homme est passé dans ma vie comme un ange terrestre. Drôle de hasard aussi, mon ami décédé était également homosexuel. Je me revois encore assise dans ce hall austère, réconfortée par cette délicate attention, avec un large sourire sur les lèvres. Évidemment, mon rendez-vous fut un succès et personne n'aurait pu croire dans quel état je me trouvais quelques minutes seulement avant d'entrer dans la pièce.

Plus récemment, je fis la rencontre d'un chauffeur de taxi plutôt original à Paris. Après lui avoir donné les indications pour la course, il me sourit en disant : « Ah, mais vous êtes Québécoise ! » C'est ainsi que nous entamâmes la discussion sur ce qui m'amenait dans la Ville lumière. Apprenant que j'avais écrit un livre intitulé *C'est beau la vie*, le chauffeur se lança dans une véritable envolée philosophique sur la vie, mais surtout sur l'importance du temps qui passe et des rencontres que nous faisons. Il voyait chaque personne qui prenait son taxi comme quelqu'un de spécial et il se faisait toujours un devoir d'en connaître un peu plus à son propos. Il m'avoua avoir fait des rencontres marquantes. Sa philosophie se résumait à peu près à ceci :

> *« Le temps qu'on ne prend pas pour établir*
> *le contact avec quelqu'un est du temps*
> *qui sera perdu à tout jamais. »*

Juste avant de me déposer, il me laissa sa carte. Monsieur Ibrahim, tel un ange terrestre, venait de me servir une belle leçon de vie. Encore aujourd'hui, lorsque je me retrouve en présence d'inconnus, je pense à ce digne chauffeur de taxi et je me fais un point d'honneur d'établir le contact, même si je suis pressée, même si je suis gênée. Et alors, je me souviens de la dernière phrase qu'il m'ait dite : « Vous savez, Madame Christine, ce n'était pas un hasard que l'on se rencontre aujourd'hui. C'était écrit dans le ciel ! » Merci, Monsieur Ibrahim…

Vous avez probablement vécu aussi ce genre de moment magique de la vie où quelqu'un arrive à l'improviste pour vous faire un compliment ou vous dire précisément ce que vous aviez besoin d'entendre. Peut-être l'avez-vous fait vous-même pour quelqu'un d'autre? Nous possédons tous ce don de présence et d'attention aux autres. Tel un muscle, plus on y croit et on l'exerce, plus on développe ce type d'intuition relationnelle.

Nous pouvons tous devenir des anges terrestres. Pour cela, il suffit d'être totalement présents à ce qui se passe et de suivre les élans de notre cœur. Habituez-vous à sourire aux gens que vous rencontrez. Dites-leur bonjour et bénissez-les dans votre esprit. Mais surtout, s'il vous vient à l'idée de leur transmettre un mot gentil, faites-le! Vous ne savez jamais à quel point vous pouvez changer leur vie.

Je suis toujours impressionnée et émue de constater combien certaines personnes sont totalement dévouées à autrui. Chacun de nous peut faire une différence positive en ce monde, aussi minime soit-elle. Il n'y a pas que les missionnaires et les médecins qui doivent être reconnus pour leur rôle important. La serveuse qui prend le temps d'écouter un client vivant un deuil, l'employé de supermarché qui chantonne et sourit, le pompiste qui vous souhaite la plus extraordinaire des journées font également partie de ces gens qui touchent les cœurs et sèment le bonheur.

Tout part de notre intention d'être totalement présents à notre tâche et de faire de chaque moment quelque chose d'unique et de spécial. Ainsi, nous nous transformerons en anges terrestres, mais plus encore, nous deviendrons des agents de miracles. Plus nous aurons le cœur ouvert, plus l'amour circulera. Ce sera alors la vraie ballade des gens heureux!

Vos intentions

⸺ ⚬⚬⚬ ⸺

« Quand viendra l'âge du bilan
L'important sera que tu sois content
Car on fait ce qu'on peut dans la vie
Tout dépend de ce qu'on a comme outils. »

Droit devant
Paroles de Jean-François Pauzé
Interprétée par Les cowboys fringants

⸺ ⚬⚬⚬ ⸺

« L'intention d'un homme, c'est son action. »
ELIZABETH ANSCOMBE

On oublie trop souvent de se donner une ligne directrice en se demandant ce qui compte vraiment pour nous et ce que nous désirons vivre ou attirer. On se laisse ballotter par nos multiples occupations. On est plus souvent réactif que proactif. Mais ce n'est qu'une question d'habitude. Il faut apprendre à se débarrasser des tâches ou activités nuisibles pour les remplacer par d'autres qui nous font grandir.

Chaque matin, au réveil, vous pourriez vous demander quels sont vos désirs ou vos intentions pour la journée qui s'amorce. J'ai réalisé que je pouvais faire cet exercice au quotidien grâce à mon travail d'écriture. Les jours où j'écris, je commence toujours par une brève méditation sur une musique relaxante. Ce faisant, je demande à mes anges, mes guides et mon petit génie intérieur de m'accompagner dans mon processus d'écriture.

Selon l'étape où je suis rendue, je peux solliciter de nouvelles inspirations, ou lorsque je suis à la phase de la révision, je demande de m'aider à clarifier, sim-plifier et ordonner mon texte pour transmettre mon contenu de la manière la plus limpide et efficace qui soit. Et c'est surprenant de constater à quel point cette méthode est puissante.

Par exemple, lorsque je dois aller dans des endroits inconnus ou faire des choses qui m'angoissent, je me fabrique une bulle de protection virtuelle. À l'intérieur de cette bulle, je choisis de mettre ce qui me sera le plus bénéfique. Que ce soit l'amour, la protection, la paix, l'enthousiasme ou la joie, je sélectionne ce qui est le plus approprié à la situation.

Le fait de déterminer ses intentions à l'avance donne une structure, mais laisse également place à la magie de la vie. Rappelez-vous ces preuves dont je parlais dans mon premier livre *C'est beau la vie*. Ayez confiance, la vie vous prouvera que vous êtes bien accompagné et que vous êtes sur le bon chemin.

Un matin, une semaine avant la remise de ce manuscrit, lors de ma méditation avant d'entreprendre une journée de révision, j'ai reçu ce genre de signe. J'avais pris l'habitude de méditer sur la même pièce musicale. C'était une musique qui suscitait en moi de la gratitude. Ce matin-là, j'eus le goût d'un changement. Je savais avoir atteint une autre étape dans ma révision et je me suis dit qu'un peu de nouveauté me ferait du bien. Je choisis donc une autre pièce musicale sur un nouvel album reçu en cadeau quelques jours auparavant.

Dès les premières notes, en prenant de grandes respirations, je saluai mes anges et mes guides en leur disant que je les invitais à prendre part à ma révision et à saupoudrer mon travail d'un peu de poudre magique de la vie. Je tenais à terminer ma tâche sur une note légère et joyeuse avec le plaisir pour guide. Juste au moment où je sentais mes divins compagnons bien présents et que je les saluais, une voix s'éleva à travers la musique et chanta : « *Can you bring me an angel ?* » (Pouvez-vous m'amener un ange ?) Je le pris comme une confirmation qu'un ange était là pour moi, qu'il avait répondu à l'invitation…

Chaque jour qui s'amorce apporte avec lui une abondance de possibilités. Nous sommes sur terre pour expérimenter la vie non pas comme une obligation compliquée et difficile, mais comme une aventure stimulante et joyeuse. Nous avons reçu en cadeau le pouvoir de manifester et de cocréer notre vie à chaque instant. À l'instar de la bicyclette, cela ne s'oublie pas et ne se perd pas. Cette capacité est bien présente au fond de nous. Pour l'activer, il suffit de la mettre en œuvre au même titre que de recommencer à pédaler pour à nouveau profiter des plaisirs de la bicyclette !

Pour chaque journée, mais également pour chaque activité que vous entreprendrez, demandez-vous quelles sont vos intentions. Mettez-les par écrit pour pouvoir y recourir le plus souvent possible. C'est ce qui vous assurera de toujours tirer le meilleur de tout.

Pour vous accompagner dans ce processus, je vous suggère de vous munir d'un petit cahier qui vous suivra partout. Il deviendra le compagnon de vos intentions.

C'est en faisant un brin de ménage que j'ai retrouvé un petit carnet turquoise à couverture rigide portant l'inscription « *Wish* ». À l'intérieur, il était écrit à la première page : « Petits et grands désirs de Christine ». Curieuse, j'ai feuilleté les pages suivantes pour y découvrir des rêves que j'avais mis par écrit et surtout décrits dans les moindres détails.

Surprise, j'ai constaté que ces petits et grands désirs étaient, pour la plupart, réalisés! Des objectifs professionnels, une meilleure vitalité, un salaire plus élevé et une maison à la campagne… De belles réalisations qui font déborder mon cœur de gratitude! Et dire que j'avais complètement oublié ce petit carnet…

J'ai décidé de reprendre là où je m'étais arrêtée. Inspirée, j'ai recommencé à noter des rêves qui me tiennent à cœur. Puis, rapidement, le carnet m'est devenu indispensable, car il me permet de prendre en note toutes les idées qui me traversent l'esprit. Vous savez, ces idées de génie qu'on a soudainement, mais qui sont si vite oubliées? Il y a aussi toutes les perles de sagesse dont on veut se souvenir, les endroits qu'on souhaite visiter, les livres qu'on aimerait lire ou les personnes qu'on désire rencontrer. Prendre le temps de noter ces informations amorce un mouvement vers de plus grandes réalisations. C'est ainsi qu'un carnet turquoise est devenu magique. Aujourd'hui, il me suit partout. Il est devenu mon compagnon!

Les idées de génie nous viennent à tous, mais, trop souvent nous n'en faisons rien. Et malheureusement, dans bien des cas, quelqu'un d'autre en retire les bénéfices. Les bonnes idées sont faites pour être notées d'abord et appliquées par la suite. De cette façon, les rêves prennent forme plus rapidement et facilement qu'on ne pourrait le croire.

De plus, notre carnet magique nous permet de mettre l'accent sur ce que nous désirons vraiment et ainsi de mieux définir notre quête. C'est dans cette optique que j'ai créé le *Carnet C'est beau la vie*, pour que vous puissiez faire de même et transcrire tout ce que vous souhaitez sur vos propres pages.

Pour l'instant, il importe peu de savoir comment les choses arriveront, mais il est essentiel de nous amuser à faire la liste de nos désirs et de tout ce qui nous fait vibrer positivement. Par la suite, soyons attentifs, car il se pourrait que la vie nous vienne en aide…

De toute façon, dites-vous que vous aurez toujours des rêves et des intentions. Vous serez dans ce processus créatif toute votre vie durant. Ce n'est pas un concours et rien ne presse. Vous n'atteindrez jamais l'état ou l'endroit où tous vos désirs seront comblés. Vous en aurez toujours de nouveaux. Et cela est parfait ainsi. L'état incomplet dans lequel nous sommes en permanence nous stimule à poursuivre la cocréation et c'est sûrement le but de cette vie sur terre.

Accomplissez les choses à votre rythme et selon les élans de votre cœur. Puis, faites confiance à la vie et cessez de vous « mettre de la pression ». Vous vous sentirez alors beaucoup mieux, plus libre et serein, ce qui vous aidera à attirer le meilleur pour vous.

Alors, quelles sont vos intentions aujourd'hui ?

De la persévérance…

— ❧ —

« *Vers le haut, je m'élève*
Je n'abandonnerais pas mes rêves. »

Don't give up
Paroles et musique de Gums

— ❧ —

« Il est souvent nécessaire d'entreprendre pour espérer
et de persévérer pour réussir. »
GILBERT CESBRON

Avez-vous remarqué comment le fait d'entreprendre quelque chose de nouveau peut nous remplir d'énergie et d'enthousiasme ? Toutefois, il arrive que nous perdions très vite un peu, beaucoup, de cette ardeur, quelque temps à peine après le début de cette nouvelle aventure… Que nous arrive-t-il ? Nous étions pourtant convaincus que cette fois serait la bonne et que nous irions jusqu'au bout !

Eh oui, ainsi va la vie ! Et c'est précisément à ce moment qu'il faut persévérer. La vie nous teste peut-être ? Elle veut voir de quelle étoffe nous sommes faits et si nous avons du cœur ! Car c'est bien le cœur qui devra intervenir pour déclencher la persévérance.

À quarante ans, j'avais décidé de me lancer un défi. Je souhaitais apprendre quelque chose de nouveau, et ainsi garder mon cerveau en pleine santé et en éveil. Désireuse de développer mes affaires à l'international, je m'inscrivis à des cours privés de conversation anglaise.

Au début, ce fut l'attrait de la nouveauté. Je trouvais charmant de me rendre à ces cours en essayant de me faire comprendre par la suite par mon sympathique, et très anglophone professeur. Pour gagner en efficacité, il me fit écrire et prononcer une conférence devant lui. *Pratique*, pensai-je !

Mais, après quelques cours, je perdis quelque peu de mon enthousiasme… Je commençais à douter de l'ampleur de mes progrès. La petite voix du doute venait de faire son apparition. Elle me soufflait à l'oreille. Insidieusement, elle me suggérait de cesser de suivre ces cours et de regarder plutôt davantage la télévision en anglais. Elle insinuait que ce n'était pas si nécessaire. Pour qui me prenais-je de penser que je travaillerais à l'international? J'avais déjà assez de projets comme cela. Je méritais une pause.

ASSEZ!!!

Une voix encore plus forte me cria: «Tu vas relever ce défi!» Et je me permis d'entamer un échange avec cette voix concernant ma décision et sa réalisation. Je lui demandai de m'aider à continuer, mais pas dans la force et l'acharnement, de préférence dans le plaisir et l'agrément!

C'est ainsi que j'eus l'idée d'en discuter avec mon professeur. J'allais lui avouer ma baisse d'enthousiasme et ensemble nous trouverions bien une solution.

Je n'eus même pas le temps de lui faire part de mes émotions. Il avait déjà pensé à une nouvelle façon de fonctionner. Dorénavant, nous allions parler des concepts qui m'intéressaient, puis échanger sur la vie et tout ce qui en faisait partie. Il m'offrit même de «jouer à se faire des entrevues». J'ai terminé ce cours avec un intérêt renouvelé et j'avais hâte au prochain. En retournant chez moi ce soir-là, j'ai pensé à toutes ces fois où j'avais laissé tomber avant même d'avoir donné la chance au coureur.

Je pourrais également dire que je n'avais pas atteint mon «momentum». Je sais que ce mot anglais tente de s'immiscer dans notre belle langue française. Comme il s'avère plutôt difficile de lui trouver un équivalent idéal, je me permets de l'utiliser ici. Selon l'Office québécois de la langue française, on pourrait lui substituer des mots tels qu'*élan, impulsion, lancée, force, essor, allure, vitesse de croisière, rythme, dynamisme, vigueur, énergie, conjoncture favorable* ou *conditions favorables*, *etc.*

Cependant, l'important ne réside pas tant dans son appellation, que dans la compréhension et surtout la recherche de son application. C'est le produit de la masse et de la vitesse en physique mécanique. Plus concrètement pour nous, cela représente le moment où vous atteignez le point de non-retour, votre 51 % en quelque sorte. Vous êtes alors passé de l'autre côté du miroir. Vous en ressentez les premiers bienfaits et n'avez qu'un désir ardent de continuer votre cheminement.

On peut également faire un parallèle avec un itinéraire de route. Je me suis aperçue que lorsque je pars en voyage, le trajet me paraît toujours plus court au retour. Et c'est la même chose lorsque je vais marcher ou courir. La deuxième partie de mon parcours me semble toujours plus rapide ou facile. C'est encourageant quand on y pense et que l'on transpose ce principe à ce que l'on entreprend dans la vie. On aurait intérêt à se concentrer à se rendre au moins à la moitié du chemin, nous rappelant que ce sera alors plus facile de franchir la dernière portion.

Enfin, un autre truc qui me permet souvent de persévérer, même dans les tâches les plus ardues, consiste à faire jouer la magie de la variété à mon avantage. Tout comme le corps s'habitue à certains régimes ou à certains exercices, ce qui freine souvent la progression des résultats, c'est que l'esprit se lasse de toujours penser ou agir de la même façon. C'est alors que son évolution stagne en quelque sorte…

Variez vos méthodes d'apprentissage. Soyez créatifs dans l'organisation de votre vie et la réalisation de vos objectifs. À titre d'exemple, pour l'écriture de ce livre, j'ai changé plusieurs fois d'endroits dans la maison. J'écrivais à différentes heures du jour et avec divers styles de musique comme outils d'accompagnement. J'ai même écrit certaines parties en toutes lettres sur du papier pour les retranscrire ensuite sur mon fichier d'ordinateur. C'est probablement ce qui m'a empêchée de m'engluer dans la routine et de perdre mon enthousiasme. Toutefois, ne tenez pas compte de ce truc si vous raffolez de la routine et qu'elle vous stimule, ce qui pour moi m'apparaît complètement insensé, vu mon tempérament.

D'ailleurs, pour compléter l'ensemble sur le même thème, je vous offre cette citation de Jennifer Louden en guise de réflexion :

« Lorsque vous vous entendez dire qu'il est absolument hors de question que vous puissiez prendre un congé, c'est exactement à ce moment-là que vous devez le faire. »

Comme quoi, la variété peut également signifier de tout arrêter et de prendre une pause pour se changer les idées et revenir en force par la suite!

Ceci est un test

---

*« C'est la vie, c'est la vie,
C'est la vie qui nous change
Et qui dérange
Toutes nos grandes idées sur tout. »*

Pour la vie
Paroles et musique de Gérard Presgurvic

« Pour voler, il faut s'appuyer sur la résistance. »
MAYA LIN

En m'accordant justement une pause pour le congé du temps des fêtes, j'avais décidé par le fait même de prendre une nouvelle résolution. Dorénavant, j'allais m'octroyer un moment de répit toutes les six à huit semaines. Ainsi, j'éviterais de me retrouver enrhumée chaque fois que je prenais des vacances, c'est-à-dire à la période des fêtes! J'avais enfin entendu le message de mon corps... Il demandait à pouvoir recharger ses batteries plus souvent et j'allais exaucer son vœu. Mais vous savez ce qui arrive la plupart du temps lorsqu'on prend une décision... La vie nous teste!

On dirait qu'il faut prouver jusqu'à quel point notre engagement est ferme. Le mien l'était tellement que j'avais décidé de partir une semaine en Floride dès le 2 janvier. Mon amoureux ne pouvait pas m'accompagner, mais qu'à cela ne tienne, j'irais toute seule, comme une grande fille! Ce serait l'occasion parfaite de me reposer en lisant et de n'avoir rien d'autre à penser qu'à ma petite personne...

Puis le test a d'abord pris la forme d'une sinusite qui n'en était pas une finalement, mais probablement une somatisation résultant de ma peur de voyager seule... Un pharmacien m'avait même gentiment avertie que je prenais l'avion à mes risques et périls. Je risquais un truc «barométrique» ou carrément de me défoncer les tympans... C'est donc bourrée de décongestionnants et armée de ma pompe nasale que je me suis présentée à l'embarquement en ce jour du 2 janvier. Et comme si ce n'était pas suffisant, j'ai eu droit à toute une série de questions de la part du douanier:

«Vous allez en Floride toute seule?»

«Qu'est-ce que vous ferez là-bas toute seule?»

« Vous n'avez pas d'amis qui vous y attendent ? »

Eh oui, j'y allais TOUTE SEULE et je lui répondis que s'il me posait encore une question de ce genre, je me mettrais à pleurer. Message reçu, il me souhaita un bon voyage.

Et c'est précisément ce que je fis, un merveilleux voyage ! Je n'ai pas eu de douleur nulle part pendant le vol et je ne me suis pas ennuyée pendant mon séjour. Fière de moi, je suis revenue au Québec en me disant que j'étais une grande fille maintenant !

Alors, peu importe cette nouvelle résolution ou cette décision que vous venez de prendre pour votre bien-être, demeurez fort et ferme, et ne vous laissez surtout pas décourager par qui ou quoi que ce soit. VOUS ÊTES CAPABLE ! Et surtout, vous serez tellement fier de vous par la suite que vous aurez probablement envie de vous lancer de nouveaux défis qui vous amèneront encore plus loin.

De toute façon, vous remarquerez que la vie semble toujours rechercher l'équilibre. Dans sa grande intelligence, elle nous remet les pendules à l'heure, comme on dit… À nous d'en saisir les leçons.

On se plaint de quelque chose ou bien on affirme ne plus vouloir ceci ou cela dans notre vie, et voilà que l'on vit une situation où cette même chose nous manque. On pense du mal de quelqu'un et voilà qu'un autre encense ce même individu. Cette personne que vous avez du mal à blairer deviendra peut-être votre meilleure amie un jour. C'est le retour du balancier ou l'équilibre qui se fait.

À ce sujet, j'ai vécu un événement plutôt cocasse alors que j'étais en voyage avec une copine. En route vers notre destination, elle me demanda si je trouvais difficile parfois de faire un métier public. Je lui répondis que je ne vivais certainement pas ce que pouvait éprouver Céline Dion. J'en déduisais qu'il y avait certes des avantages à recevoir l'amour du public tout comme il y avait aussi des inconvénients à être davantage épiés… Entre autres, ça devenait parfois gênant lorsque l'on magasinait des sous-vêtements ou lorsqu'en voyage, des « fans » venaient faire un brin de jasette alors que l'on prenait un bain de soleil… Toutefois, les gens étaient pour la majorité très respectueux et gentils, ce qui me permettait d'apprécier mon métier, aussi public soit-il.

Mais comme la vie a plus d'un tour dans son sac, je fus mise à l'épreuve quelques jours plus tard. Ma copine et moi étions allées faire du jogging au centre sportif de l'hôtel où nous séjournions. Elle quitta avant moi en disant qu'elle aurait ainsi le temps de prendre sa douche et de la libérer avant mon retour.

Arrivée à la chambre après mon entraînement, j'eus beau cogner à la porte, ma chère amie n'entendait rien. Par contre, du couloir, je pouvais entendre la douche couler et la voix de Julio Eglesias qui chantait à tue-tête dans la chambre. Il me fallut descendre à la réception pour demander une autre clé. Ce que l'on me refusa, faute de pièces d'identité. Un garde de sécurité dut m'accompagner jusqu'à la chambre afin que je lui prouve adéquatement mon identité. À la blague, mon amie me dit : «Comment cela se fait-il qu'il ne t'ait pas reconnue ?».

Ainsi va la vie, dans son ultime perfection ! Alors, apprenons à ne rien tenir pour acquis et à faire preuve de souplesse en tout, car il se pourrait que nous soyons testés parfois…

Derrière les larmes

« Vous refusez d'me voir ?
Vous n'aurez pas d'histoire
Vaut mieux un jour de pluie qu'une vie de brouillard… »

Je suis une larme
Paroles et musique de Christian Sbrocca

« Les pleurs sont la lessive des sentiments. »
MALCOLM DE CHAZAL

Quelquefois, il nous arrive de penser que tout va de travers. On dirait alors que le mauvais sort s'acharne sur nous… Pour l'avoir vécu à quelques reprises, j'ai compris qu'il s'agissait plutôt d'un grand balayage dans le but de se libérer de ce qui nous entrave pour faire place à quelque chose de mieux.

Par suite d'une séparation amoureuse, j'étais toute seule à l'hôtel un samedi soir. J'étais allée souper avec des amis et j'avais l'impression de plutôt bien m'en sortir. Je parvenais à être joyeuse et à profiter de la vie. Tout allait pour le mieux jusque vers vingt et une heures ce soir-là. Soudain, sans raison particulière, je me mis à sangloter dans mon lit. À ce moment précis et pour la première fois de ma vie, je prenais vraiment conscience que j'étais célibataire et j'appréhendais la solitude.

Heureusement que certains amis ont providentiellement des antennes en état d'alerte! Ce fut le cas ce soir-là pour Marc Gervais qui m'appela tout bonnement, juste parce qu'il était sur la route et qu'il avait envie d'avoir des nouvelles de moi et de jaser. Sur le coup, je fus incapable de lui répondre. Je ne voulais pas qu'il connaisse mon état. Vous aurez compris que mon orgueil prenait le dessus…

Mais une petite voix se faisait persistante… S'il y avait une personne qui pouvait me comprendre et m'aider, c'était bien Marc Gervais, un conférencier réputé pour encourager les gens à vaincre leur dépendance affective et trouver le bonheur. Alors, je pris mon courage à deux mains, mis mon orgueil de côté et je le rappelai.

Avec toute l'attention et la douceur du monde, il m'écouta. Puis, quand les sanglots finirent par s'estomper, il me demanda s'il pouvait me poser une question :

« Tu pleures pour quoi, Christine ? »

« Qu'est-ce qui se cache derrière cette souffrance et cette tristesse ? »

Ces questions me trottèrent longtemps dans la tête, mais surtout elles me permirent de guérir encore plus profondément. Car effectivement, le fait de me retrouver seule me ramenait à certaines expériences du passé. J'ai compris depuis que les passages difficiles de la vie font parfois ressurgir la noirceur à l'intérieur de nous. Nous avons alors accès à notre part d'ombre qui, une fois remontée à la surface, peut laisser entrer à nouveau la lumière et se transformer.

Les tristes événements de la vie nous font prendre conscience de nos failles ou de ce que nous n'avons pas encore réglé. Par contre, ces égratignures intérieures peuvent devenir de puissantes sources d'apprentissage et d'évolution. Il en va de même pour les programmes en douze étapes, comme celui des Alcooliques Anonymes. On se fixe pour objectif d'être heureux une journée à la fois.

Puis, tranquillement, à mesure qu'on reprend des forces, on refait sa *« shopping-list »* d'émotions, son aide-mémoire, en se posant les questions suivantes :

« Qu'est-ce que je veux ressentir ? »

« Comment puis-je être ainsi, et que puis-je faire pour ressentir cela ? »

On doit rechercher ce qui nous fait du bien et ce qui nous élève l'âme. Ce peut être des gens au contact desquels vous aurez envie de devenir une meilleure personne. À ce sujet, je vous suggère de visionner *Pour le pire et pour le meilleur* si ce n'est déjà fait. Dans ce film, le personnage interprété par Jack Nicholson fait le compliment suivant au personnage interprété par Helen Hunt : « Vous m'avez donné envie de devenir meilleur. » Il s'agit assurément de l'un de ces films qui élèvent l'âme.

Il peut s'avérer bénéfique de visionner ce genre de films pour vous nourrir intérieurement. Il suffit de vous entourer d'images qui vous font ressentir des émotions positives. Les images d'entraide, de compassion et de bonté nous ouvrent la voie de la transcendance. Elles nous « reconnectent » à notre âme et nous incitent à contribuer au mieux-être de l'humanité. Prenons le temps d'admirer toute la beauté du monde qui nous édifie et nous permet d'évoluer.

Rappelons-nous que nous sommes responsables de ce qui entre dans notre système et je ne parle pas seulement d'aliments ici. Il existe une variété infinie de nourritures saines.

Surtout, remarquez que lorsque vous vous sentez bien, vous attirez le bien dans votre existence. La source incomparable de ce monde en est une de bien-être. Vous avez le choix de vous ouvrir à cette source ou de vous y fermer. Le beau, le bon et le bien ne se déverse-ront dans votre vie que si vous le leur permettez.

Comme dirait Malcolm de Chazal, assurez-vous de bien faire la lessive de vos sentiments par vos pleurs. Vous déboucherez ainsi votre canal de réception et ferez place à ce qui vous élève l'âme.

Plus jamais !

———⊷⊶⊷———

« Capri, c'est fini
Et dire que c'était la ville de mon premier amour
Capri, c'est fini
Je ne crois pas que j'y retournerai un jour

Capri, c'est fini
Paroles et musique de Hervé Vilard
Interprétée par l'auteur

———⊷⊶⊷———

« Il n'y a que les sots et les morts qui ne changent pas d'opinion. »
JAMES RUSSELL LOWELL

J'étais au restaurant avec des amis lorsque l'un d'entre nous s'est mis à parler de mariage. Nous venions d'apprendre qu'un couple d'amis, ensemble depuis plusieurs années, se marierait l'été suivant. Chacun y allait de son opinion et plusieurs affirmaient ne plus jamais vouloir faire une chose pareille. C'était rayé de leur liste et on ne les y reprendrait plus. Puis, l'un de nous, avec plusieurs mariages et divorces à son actif, déclara : « Moi, je le ferais à nouveau ! ».

Tout le monde resta coi. S'il y en avait un qui aurait pu dire « plus jamais ! », c'était bien lui. Mais il était probablement plus sage aussi et savait qu'il était préférable de ne jamais dire jamais, justement ! Au contraire, il semblait dégagé et croyait qu'il se pourrait qu'une femme parvienne à lui faire dire oui une fois de plus. On ne connaît pas l'avenir et on peut être surpris parfois...

Combien de fois dans la vie sommes-nous portés à dire que plus jamais nous ne ferons ceci, plus jamais nous ne revivrons cela, etc.? Pourquoi sommes-nous si catégoriques? Qu'est-ce qui nous pousse à faire ce genre d'affirmation? Se pourrait-il qu'une souffrance se cache derrière cette fermeture totale? Le mot « jamais » est limitatif, tandis que le terme « toujours » est infini.

Le lendemain de ce souper, je me suis surprise à repenser à cette conversation en me questionnant à propos de mes « plus jamais » à moi... J'avais certainement celui du mariage, puis de certains types de relations, d'expériences diverses. Pourquoi autant de renoncements? Était-ce vraiment nécessaire? Il me semble que ça va un peu à l'encontre du principe de la vie qui, selon moi, est ouverture, lâcher-prise et accueil de ce qui est, pour nous permettre d'évoluer.

J'ai senti une libération intérieure à l'idée d'être moins catégorique et de laisser place à ce qui pouvait se présenter. On dirait que le fait de m'ouvrir à nouveau me transportait dans un état d'amour. C'était probablement le processus de guérison qui s'amorçait...

Lorsque je suis au volant de ma voiture, en train d'attendre, de marcher vers quelque part ou de travailler, je remarque souvent à quel point je suis crispée. Quand je m'en rends compte, je pense à devenir plus malléable et je souris davantage.

C'est fou comme nous avons souvent tendance à manquer d'abandon ou à être sur nos gardes. Peut-être aurions-nous intérêt à introduire un peu plus de souplesse dans nos vies. On pourrait lancer une nouvelle tendance, celle du « mou ». Moi qui aime tellement les vêtements souples, communément appelés « linge mou », je sens que j'adorerais!

Blague à part, rappelons-nous qu'un élastique étiré à son maximum risque d'éclater. Par contre, tout ce qui plie ne rompt pas. À preuve le roseau.

J'admire cette amie qui a décidé de prendre le taureau par les cornes et de revoir sa posture pour vivre mieux. C'est avec beaucoup de fierté qu'elle m'a expliqué les bienfaits de la technique Alexander grâce à laquelle elle a appris à dénouer ses genoux et à se débarrasser de toute tension inutile pour lui apporter plus de souplesse en tout!

Apprenons donc nous aussi à réduire les tensions excessives et à être moins rigides pour mieux rebondir et vivre plus heureux!

Vos pièces jointes

« *Guérir,*
Pour s'éviter le pire
Guérir,
De vouloir toujours guérir. »

Guérir
Paroles et musique de Florent Pagny
Interprétée par Florent Pagny

« La peur et l'inquiétude, ces sentiments négatifs que notre esprit
nourrit, opposent une forte résistance aux choses
que nous désirons. »

ERNEST C. WILSON

A u Québec, nous collectionnons les expressions
qui traitent de « mérite » ou de « prix à payer ». On
vous dira que vous pouvez obtenir ce que vous désirez

dans la vie, dans la mesure où vous êtes prêt à en payer le prix. Ou encore, on vous racontera l'histoire désastreuse de quelqu'un en ajoutant qu'il ne « méritait » pas cela. À l'inverse, pour en féliciter un autre, on lui dira que c'était grandement « mérité ». Le fait de mériter ou non semble se rapporter à une contrepartie de difficultés surmontées et c'est ce qui, au bout du compte, donnera de la valeur à cette personne.

D'abord, tirons les choses au clair. Je crois que <u>tout le monde mérite tout ce qu'il y a de mieux</u>. Point final. Peu importe d'où l'on vient, ce que l'on a fait, qui l'on est, nous possédons tous une valeur inestimable. Nous sommes tous dignes d'un amour inconditionnel, voilà tout. Nous pouvons tous nous attendre à ce qu'il y a de plus merveilleux.

Cette histoire de prix à payer fait partie intégrante de nos croyances. Certains estimeront qu'ils méritent tout ce qu'il y a de mieux et on les qualifiera de « chanceux » parce que justement, ils l'attireront.

Pour d'autres, ce sera un peu plus compliqué… Ils croiront qu'ils doivent y mettre les efforts, que rien ne s'obtient sans peine, qu'il leur faut mériter leur dû… Et encore une fois, la vie dans sa divine intelligence, leur donnera raison.

Depuis longtemps, je me demandais comment certaines personnes en arrivaient à matérialiser rapidement et facilement leurs rêves les plus chers, alors que d'autres s'éreintaient à la tâche sans accéder aux mêmes résultats. À cette époque, je pensais qu'il suffisait de comprendre et d'appliquer certains principes pour parvenir à réaliser nos désirs. Puis, j'ai connu des gens formidables qui donnaient l'impression d'être déterminés à faire ce qu'il fallait pour réaliser leurs rêves, mais pour qui le cheminement semblait beaucoup plus complexe. Je n'avais pas trouvé de réponse à mon questionnement jusqu'au jour où j'ai assisté à un atelier de Charles Virtue, le fils de l'auteure Doreen Virtue.

Charles nous a fait part d'une analogie à propos de nos demandes à l'univers ou à la vie. Bien de son temps, il comparait ce type de vœu à un courriel que l'on enverrait pour exposer en détail notre requête. Toutefois, il nous rappelait aussi qu'il arrivait que des pièces jointes aient été insérées dans ce courriel... Ces dernières étant composées de nos peurs inavouées, de nos croyances limitatives, de mauvaises programmations ou de toute autre forme de blocage. En fin de compte, ces pièces jointes étaient constituées de tout ce qui devait être libéré ou réglé pour permettre l'expression de notre demande en quelque sorte.

Donc, en même temps que l'on envoie la demande instante, c'est comme si on disait à la vie : «Aide-moi à recevoir cela, mais à guérir également ceci par la même occasion.»

Peut-être entretenez-vous un désir très intense de changer d'emploi, de devenir prospère ou de découvrir enfin l'amour de votre vie? Si tel est le cas, il se peut que vous envoyiez une demande claire à cet effet, mais qu'elle soit accompagnée d'une ou même plusieurs pièces jointes qui viennent brouiller les ondes...

Tout ce qui vous engourdit, vous ralentit ou vous entrave fera surface en même temps que la demande. Et nous savons que les petits cailloux peuvent parfois devenir très dérangeants dans un engrenage ou même dans un soulier. Il se pourrait que la situation stagne en raison de ces choses en suspens, de ces affaires inachevées, de ces questions non réglées. Voyez-vous ce que je veux dire?

Permettez-moi de vous donner quelques exemples:

– Vous avez mis votre maison en vente, mais elle ne se vend pas et vous ne comprenez pas pourquoi, car elle est hyper jolie, à un bon prix, dans un secteur recherché, etc. Toutefois, si l'on fouille un peu, on découvre que vous entretenez toujours une relation avec votre ex qui vivait avec vous dans cette maison, que vous êtes fatigué d'un certain travail qu'on vous a confié, mais que vous le continuez quand même, faute de vous affirmer. De plus, vous doutez de vous-même à certains égards et, finalement, tous ces soucis vous font vivre des émotions passablement agitées. Pourquoi croyez-vous que la situation demeure stagnante et que votre maison ne se vend pas? Vous avez du ménage à faire, de l'épuration. Eh oui, encore une fois!

– Imaginez que vous avez un projet d'entreprise en tête. Vous savez que vous n'accomplissez pas votre mission de vie actuellement, que vous pourriez faire beaucoup plus et être davantage comblé et heureux. Vous demandez la réalisation de cet objectif avec vigueur et conviction, mais cela n'arrive pas. Par contre, si l'on examine votre vie, on découvre que vous êtes en couple depuis quelques années avec quelqu'un qui ne vous fait plus vibrer. Quelque chose accroche. Pas grand-chose, mais vous le ressentez et surtout vous en arrivez parfois à rêver secrètement d'avoir le courage d'agir et de quitter cette personne. Mais vous ne voulez pas lui faire de la peine… Vous craignez qu'il ne s'en remette jamais.

Voilà l'un de ces moments où j'aimerais tant être assise à vos côtés pour vous souffler ceci à l'oreille :

« *Si vous ressentez au plus profond de vous que cette relation n'a plus sa raison d'être, que quelque chose accroche et que votre âme sœur vous attend ailleurs, il se pourrait fortement que votre conjoint ressente précisément la même chose. Mais peut-être n'ose-t-il pas vous le dire? Peut-être a-t-il encore plus peur que vous? Chacun a ses raisons.* »

Encore une fois, on peut faire référence au fameux ménage libérateur.

Plus on libère, plus on attire!

Ces pièces jointes représentent souvent des boulets qui vous retiennent… Ce sont les lourdeurs de votre vie. Il peut être utile de se poser les questions suivantes :

- Qu'est-ce qui ne va pas à mon goût dans ma vie en ce moment?

- Qu'est-ce qui est devenu trop lourd?

- Qu'est-ce qui me stresse, m'épuise, siphonne mon énergie?

- Qu'est-ce qui pourrait être plus simple dans mon existence?

Votre petite voix répondra sûrement très rapidement à ces questions. En fait, elle risque même de vous hurler les réponses, trop heureuse que vous décidiez enfin de vous occuper de ces points pour lesquels votre situation croupit depuis trop longtemps.

Lorsque l'on souhaite que le vent tourne enfin dans sa vie et que les choses changent pour le mieux, il faut être prêt à faire face à la musique. Car, une fois la requête lancée, vous n'aurez plus d'autre choix que de danser!

Un « Dance Party » !

⸻ ❧ ⸻

« Moi je vis d'amour et de danse
Je vis comme si j'étais en vacances
Je vis comme si j'étais éternelle. »

Laissez-moi danser
Paroles de Toto Cutugno et Pierre Delanoë,
musique de Cristiano Minellono
Interprétée par Dalida

⸻ ❧ ⸻

« La danse est l'une des formes les plus parfaites
de communication avec l'intelligence infinie. »
PAULO COELHO

Il y a de ces vidéos fort inspirantes qui circulent sur Internet. Un jour, quelqu'un m'a suggéré de visionner celle de Sean Stephenson sur www.youtube.com.

Ce jeune homme est atteint d'une maladie rare des os. Avant d'avoir dix-huit ans, il avait déjà souffert de plus de deux cents fractures. Il mesure un mètre de haut et est cloué sur son fauteuil roulant pour le reste de ses jours. Malgré la douleur et les difformités, il s'est donné pour mission d'inspirer les gens à se tenir debout et à aller au bout de leurs rêves. Son discours repose sur un jeu de mots en anglais avec deux homonymes, le postérieur («butt») sur lequel nous ne devrions pas rester assis trop longtemps, et les excuses («but») qui nous empoisonnent l'existence en nous empêchant d'avancer.

Selon lui, le seul endroit où nous pouvons nous tenir debout est dans le présent. D'ailleurs, il excelle dans l'art de mettre les choses en perspective et de voir plus loin que le bout de son nez. À propos de tout ce que nous désirons dans la vie, il nous rappelle que ce ne sont pas vraiment toutes ces choses qui revêtent de l'importance, mais le sentiment qu'elles nous procurent. Et ce sentiment peut être ressenti dès maintenant, peu importe les circonstances. Il a parfaitement saisi la puissance de la loi de l'attraction, ce monsieur Stephenson!

Pour nous le prouver, il nous invite à se faire des «dance partys» au cours de la journée, au moins trois par jour selon lui. On fait jouer une pièce musicale enlevante et on commence à bouger, même si ce ne sont que les épaules au début. Puis, à mesure que l'on s'ajuste au rythme, on entre dans la danse et c'est tout le corps qui finit par se mouvoir. Le sourire se dessine, les yeux pétillent et on peut alors ressentir la joie, le bonheur, et toute cette gamme d'émotions qui nous permettent de nous sentir vivants. Au bout du compte, c'est notre esprit qui se sent mieux et notre âme qui s'élève. Essayez-le, vous verrez bien !

En spectacle conférence avec le chanteur Étienne Drapeau, nous avons présenté cette vidéo de Sean Stephenson aux gens présents, et sur les premières notes de la chanson *Gonna make you sweat* de C & C Music Factory, nous avons fait se lever tout le monde et amorcé la danse. L'effet a été immédiat et les gens nous remerciaient pour l'expérience après le spectacle. Même un groupe de religieuses occupant la rangée du fond de la salle y a mis tout son cœur. Elles étaient belles à voir !

Quelques jours plus tard, ma mère me téléphona un matin. Tout essoufflée, elle me dit : « Tu ne devineras jamais ce qu'on vient de faire ton père et moi ! On a fait un Dance Party sur une chanson de Ricky Martin », me dit-elle. Puis, elle me raconta le moment sublime qu'ils avaient passé et à quel point cet exercice les avait énergisés. Ma mère est atteinte de la maladie de Parkinson, alors si Sean Stephenson et elle se font des « Dance Partys », vous le pouvez aussi !

Vous en êtes rendu à la moitié de ce livre et je crois que le temps est venu de faire une pause dans votre lecture...

Déposez ce livre, allez mettre une chanson entraînante et dansez! Laissez-vous aller, laissez-vous vibrer. Riez de vous s'il le faut, mais bougez!

Comme vous le dirait Sean Stephenson, la vie est trop courte pour la prendre autant au sérieux. Elle doit être plutôt amusante. Alors, amusez-vous! C'est d'ailleurs ce que je fais ici avec Chopin, mon magnifique perroquet!

La petite voix à l'intérieur

⚬⚬⚬

« Même si tu as des problèmes, tu sais que je t'aime, ça t'aidera,
Laisse les autres totems, tes drôles de poèmes,
et viens avec moi… »

Drôle de vie
Paroles et musique de Véronique Sanson
Interprétée par l'auteure

⚬⚬⚬

« L'intellect a peu à voir avec la découverte. L'inconscient
bondit – appelez cela l'intuition ou donnez-lui le nom
que vous voulez – la solution vous est dictée,
mais vous ignorez comment ou pourquoi. »
ALBERT EINSTEIN

Qu'on l'appelle la petite voix intérieure, le soi, la
partie divine en nous, le petit maître ou l'âme,
nous disposons tous, à l'intérieur de nous, d'une force

sage apte à nous conseiller en tout temps et en toutes circonstances. Pour amorcer le dialogue et bénéficier de sa guidance, il faut d'abord apprendre à se mettre en communication avec elle.

Depuis longtemps, j'étais fascinée par ces personnes qui parvenaient à faire de l'écriture automatique. Je pensais alors que seulement certains élus avaient hérité de ce don extraordinaire. Je les imaginais papier et crayon à la main, en état de recueillement jusqu'à ce que leur main se mette à écrire de manière incontrôlée pour leur apporter de divins messages. J'avais essayé à quelques reprises, mais sans succès… Je gribouillais et je finissais par écrire des trucs qui me paraissaient totalement dénués d'intérêt, et surtout, commandés par mon mental.

Puis, un jour, j'ai fait la connaissance de France Gauthier, et pour la première fois, j'ai entendu parler non pas d'écriture automatique, mais plutôt d'écriture inspirée. Déjà, le processus me semblait plus doux et accessible… Je pouvais facilement faire le parallèle avec mes conférences ou tout autre moment où je m'adressais à un public. J'avais développé l'habitude d'entrer en relation avec mon sage intérieur en lui demandant de m'inspirer à dire aux gens ce qu'ils avaient le plus besoin d'entendre. À l'instar de l'écriture inspirée, il s'agissait là de communication inspirée.

Partant du fait que nous pouvons appliquer certaines stratégies dans différents domaines, j'ai eu envie de tenter l'expérience. Et comme je cherche toujours l'efficacité, je me disais qu'il serait intéressant d'utiliser cette technique pour écrire mes articles de magazine et de site Internet. Ce que je fis et cela me bouleversa !

J'avais eu une journée de fou, comme on dit ! Des retards de toutes sortes avaient eu raison de ma patience et c'est au bout du rouleau que je rentrai chez moi le soir venu. Pour en rajouter, je devais envoyer deux articles au magazine *Le Lundi* avant de me rendre à un souper. J'avais donc à peine une toute petite heure devant moi pour rédiger mes textes. Sincèrement, j'étais paniquée et je me demandais comment je pourrais y arriver. Puis, un petit éclair de génie (de génie intérieur ?) s'est présenté. Ce serait une merveilleuse occasion de tester la puissance de l'écriture dite inspirée.

Je fis une courte méditation en débutant par des respirations profondes et après quelques minutes, je me sentis prête à descendre dans l'arène ! Je m'installai à mon clavier d'ordinateur et j'écrivis mes deux articles à une vitesse fulgurante. Les idées se plaçaient aisément dans mon esprit pour ensuite se transcrire en mots que je n'avais pourtant pas l'habitude d'utiliser pour certains, ce qui m'obligea à faire quelques vérifications dans le dictionnaire par la suite. J'avais la nette impression d'avoir donné le meilleur de moi-même. Je n'éprouvais aucun doute quant à la qualité de ce que je venais de pondre (ce qui n'est vraiment pas coutume chez moi, je dois l'avouer…). En acheminant les textes au magazine et en refermant mon ordinateur ce soir-là, je me sentais dans un état de grâce et de légèreté. C'est l'un des processus les plus fluides qu'il m'ait été donné d'expérimenter à ce jour. Car plus encore que le bonheur d'écrire sans effort, il en résulte par la suite un sentiment d'accomplissement et de douce quiétude.

Quelques mois après cette expérience, j'eus l'occasion de tester de nouveau les pouvoirs de mon guide intérieur. J'étais dans un drôle d'état… Je remettais en question mon avenir professionnel. J'avais l'impression d'avoir atteint un plateau… J'avais plusieurs réalisations positives à mon actif, mais j'accumulais aussi quelques irritants. Pour être franche, je commençais à les collectionner et cela me torturait. Devais-je demeurer tranquillement à mon poste, à remplir mes mandats habituels ou avais-je le droit de désirer davantage ?

C'est ainsi que je me retrouvai en consultations de toutes sortes… L'un me conseillait telle chose, l'autre son contraire. Vraiment, je ne savais plus où donner de la tête ! Je ne me rappelais pas avoir vécu ce genre de sentiment troublant où l'on sait être dans la bonne direction, mais où l'on ressent également qu'on pourrait faire plus ou mieux. À un moment où je réfléchissais (encore une fois…) à ma situation, un orage violent s'abattit sur mon coin de pays et j'eus un éclair de lucidité !

Pour poursuivre l'analogie, j'étais ni plus ni moins qu'en période de perturbations atmosphériques…

Quel beau signe de la vie! Et que fait-on lorsque l'orage sévit à l'extérieur? On se réfugie à l'intérieur! Voilà. Ce n'était pourtant pas si compliqué. Mais combien de fois jouons-nous ainsi à la girouette (ou au virevent pour rester dans le thème!) en demandant à chacun leur avis et en recherchant ailleurs les réponses à nos questions?

Je me suis levée un matin avec une autre possibilité en tête... Vous vous souvenez peut-être de ma poupée nommée Chiffonie? Ma muse... cette petite sœur de cœur et grande inspiratrice qui me pousse à oser être qui je suis J'ai parfois l'impression que ma petite voix intérieure s'extériorise à travers cette tendre amie. Souvent, lorsque je doute ou que je me pose une question, je la regarde et j'ai l'intuition qu'elle me souffle les réponses... Oui, cela peut vous sembler bizarre ou même franchement farfelu, mais en y réfléchissant bien, ça pourrait aussi être très sensé!

Repensez à ces amis imaginaires qu'ont les enfants. À qui s'adressent-ils vraiment? Avez-vous déjà songé que ces valeureux compagnons pouvaient être la petite voix de leur âme qui tente d'établir le contact. Pour interagir à leur niveau, dans leur monde de féerie, c'est une formidable idée d'avoir inventé ce concept d'ami imaginaire!

Et si, comme les enfants, les amis imaginaires devenaient grands avec le temps?... Ils ont grandi, mais à l'intérieur de nous, et aujourd'hui ils sont là et entièrement disponibles pour nous guider.

J'ai compris depuis qu'il pouvait s'avérer difficile de différencier la petite voix du cœur et de l'intuition de celle de la raison. C'est en lisant un article du magazine *O* (Oprah) que j'ai reçu un éclairage nouveau sur ce propos. Ce numéro portait précisément sur l'intuition et Oprah y affirmait que si nous n'avions à lire qu'un seul magazine *O*, ce devrait être celui-là. Apprendre à revenir à l'intérieur de soi et à « se connecter » à son âme en développant son intuition, c'est probablement la démarche la plus salvatrice que nous puissions entreprendre.

Néanmoins, en cours de route, il faudra bien saisir la différence entre les deux personnages susceptibles de se présenter et d'offrir leurs vaillants conseils…

D'abord, il y a le conseiller plus sérieux et dictateur. On pourrait le comparer à un avocat hyper intelligent et déterminé qui possède une vaste expérience et qui fait des gestes réfléchis et calculés. Pour lui, la vie est très sérieuse. *Avoir la tête sur les épaules* et *travailler dur pour réussir* sont deux de ses croyances les plus fermes. Jamais, il ne perdra la face, comme on dit. Fin stratège, il est rusé et ne s'en laisse jamais imposer. Perfectionniste, il ne laisse rien au hasard non plus. Il a le contrôle et son chemin est déjà tout tracé. On l'imagine en complet et cravate, tiré à quatre épingles !

Puis, il y a l'autre conseiller qui a davantage l'allure d'un surfeur ou d'un hippie. En short et tee-shirt multicolore, il porte des sandales confortables, a les cheveux au vent et un petit air coquin et rieur. C'est un épicurien qui profite de la vie au maximum, et surtout, qui prend le temps d'en savourer chaque moment. Il voyage beaucoup et ses nombreux amis sont de tout acabit. *« Vivre et laisser vivre »* est son expression préférée. Il est du genre à faire la *dolce vita* et si l'envie soudaine lui prend de faire une sieste, c'est ce qu'il fera, sans culpabilité, probablement même au vu et au su de tous, au pied d'un arbre à qui il aura fait un brin de causette avant de s'y adosser. Loin de vouloir performer, il recherche plutôt à s'amuser. Aux yeux de plusieurs, il passe pour un guignol, mais il s'en fout complètement!

Supposons maintenant que vous ayez une importante décision à prendre et que ces deux personnages vous offrent leur guidance. Qui auriez-vous tendance à écouter? Imaginez les deux se tenant devant vous... lequel vous inspirerait davantage confiance?

Pour la plupart, ce sera probablement le premier et le plus sérieux des deux que vous choisiriez. Et pourtant, tout bien réfléchi, c'est le joyeux troubadour que nous aurions avantage à consulter! Eh oui, les apparences sont parfois trompeuses...

La raison que j'invoque bien humblement, c'est qu'il est venu le temps de sortir de notre carcan et d'évoluer en laissant émerger ce côté plus fou de nous. C'est ce qui nous apportera, je crois, la joie de vivre et nous apprendra l'amour inconditionnel, le non-jugement et la vie dans le moment présent.

Pour moi, c'est ce qui représente la vraie maîtrise qui se trouve un peu plus avant sur le chemin de la conscience. Dans cet état de gracieuse nonchalance, on prend le temps d'aller au cœur des choses et de toucher l'âme des êtres en se connectant à la nôtre en premier.

Amusez-vous à définir ces différentes parties de vous, celle du cœur et celle de la raison. Osez écouter la petite voix qui vous semble déraisonnable ou enfantine… Vous pourriez lui donner un nom et même la matérialiser en quelque sorte, comme je l'ai fait avec Chiffonie. L'important est de vous assurer d'un rappel constant parce que nous sommes enclins à revenir rapidement à nos anciennes habitudes, même quand on les sait néfastes…

Oser demander davantage

※

« *Être au moins*
Celle qui ose
Défier le cours du temps
Voir grand
Voir devant. »

Voir grand, voir devant
Paroles et musique de Michel Rivard
Interprétée par Luce Dufault

※

« J'ai les goûts les plus simples du monde.
Je me contente du meilleur. »
OSCAR WILDE

Êtes-vous de ceux qui se contentent de peu ? Auriez-vous trop rapidement adopté la maxime qui dit que nous sommes *nés pour un petit pain* ?

D'autres croient que le « réservoir de demandes » est restreint et qu'il vaut mieux ne pas en réclamer trop de peur d'épuiser nos ressources et d'en manquer quand viendra le temps de combler un besoin urgent ou nécessaire.

Où avons-nous pris cette idée de manque ? Comme s'il fallait thésauriser et continuellement se protéger au cas où... La vie nous donne pourtant la preuve de beaucoup plus d'abondance. Regardez la nature qui sans cesse se renouvelle. Vous y puiserez une multitude d'exemples illustrant le monde infini de possibilités dans lequel nous vivons.

Je ne suis pas de ceux qui croient à l'absolue nécessité des assurances et autres formes de protection. Je n'y suis pas complètement opposée non plus par contre. Mais surtout, je crois à l'incommensurable grandeur du potentiel humain. Il est toujours possible de se refaire, de se reconstruire, et même en mieux ! Personne ne pourra jamais vous enlever ce que vous êtes : vos qualités et votre bagage accumulé.

Peu importe d'où nous venons et ce que nous avons vécu avant, nous pouvons toujours choisir ce qui s'en vient. C'est ce que je me suis dit lorsque j'ai assisté à l'opéra-folk *Les Filles de Caleb*. Le fait de me replonger dans l'histoire d'Émilie Bordeleau m'a permis de mieux comprendre la force intérieure de l'humain. Nous pouvons sortir du cadre et dévier un peu du chemin tracé pour prendre des raccourcis ou aller encore plus loin que prévu. C'est bien ce que démontre l'histoire des *Filles de Caleb*.

Je suis sortie de la salle de spectacle ce soir-là avec le sentiment d'un pouvoir renouvelé. Je ressentais le besoin de revoir à la hausse certaines demandes d'amélioration de ma vie. J'ai surtout réalisé à quel point nous avons souvent tendance à ne pas exiger assez et nous contenter de peu. Attention, je ne prône pas non plus l'excès. Et je crois fermement que le bonheur ne réside pas dans l'attraction ou l'accumulation de choses ou d'exploits. Le bonheur se trouve à l'intérieur. Il peut être influencé par l'extérieur, mais non complètement anéanti ou développé à l'extrême par ce que nous possédons. Il est davantage relié à l'être.

Mais je vous parle ici du « faire ». Je fais référence à l'expérience de la vie sur terre que nous ne vivons pas toujours à son plein potentiel. Laissez-moi vous poser quelques questions :

- Quel genre d'emploi avez-vous ? Sentez-vous que vous vous accomplissez pleinement en mettant vos talents à profit et en réalisant votre raison d'être ici sur terre ?

- Avec qui partagez-vous votre vie ? Est-ce que votre entourage vous inspire de façon positive ? Êtes-vous profondément en amour avec votre conjoint ?

- Où vivez-vous ? Votre maison représente-t-elle ce que vous êtes ? Avez-vous l'impression d'y trouver l'apaisement et de vous y ressourcer ?

- Et votre vitalité ? Vous sentez-vous en pleine forme ? Vous levez-vous le matin rempli d'énergie et d'excitation par rapport à la journée qui s'annonce ?

Ce n'est pas évident de répondre à ces questions, n'est-ce pas ? Pas toujours facile non plus de voir la vérité en face et d'admettre que ça pourrait être mieux… Mais comme Mark Twain l'a dit : « Dans le doute, dites la vérité. »

Surtout, ne vous blâmez pas. Prenez simplement conscience de ce qui est. Puis, si le cœur vous en dit, commencez à imaginer votre vie si vous décidiez d'aller un peu plus loin… Pour ce faire, prenez les prochains jours pour observer ce qui est possible. Étudiez ces gens que vous admirez et leur style de vie. Pensez à tous les types d'emplois qui existent et répertoriez ceux qui vous semblent attrayants.

Promenez-vous dans ce quartier que vous trouvez si enchanteur. Admirez ces belles maisons qui vous font tant rêver. Pensez à ces personnes qui vous impressionnent et avec qui vous aimeriez interagir. Faites la liste de ces gens particulièrement en forme qui donnent l'impression de prendre soin d'eux et d'être remplis de vitalité.

Choisissez alors ce qui vous fait le plus vibrer et décidez de voir un peu plus grand devant. L'important consiste à glaner le plus d'informations possible pour ensuite prendre une décision et l'assumer. Vous sentirez vite la force du mouvement qui se mettra en branle. Si vous croyez cette amélioration de votre situation possible, vous serez divinement inspiré pour agir, et en moins temps que vous ne l'auriez pensé, vous éprouverez la douce satisfaction de ceux qui vont un peu plus loin sur le chemin le moins fréquenté…

Je me fais mon cinéma !

―――❈―――

« Quand on avait l'âge de rêver tout haut
Déjà tu rêvais de cinéma
Tu voyais ta vie sur un grand écran
Un monde en couleur projeté sur un drap blanc. »

Cinéma
Paroles et musique de Michel Rivard
Interprétée par Beau Dommage

―――❈―――

« C'est à l'âge de dix ans que j'ai gagné Wimbledon
pour la première fois… dans ma tête. »
ANDRE AGASSI

J e me souviens d'un jour où j'assistais à un atelier
avec Esther et Jerry Hicks à Boston. Ce couple fort
inspirant fait le tour des États-Unis pour transmettre
les messages d'un groupe d'âmes nommé Abraham.

Pour une fille rationnelle comme moi, il est plutôt difficile de croire totalement en ce type d'intervention, mais je me contente alors d'entendre le message sans me laisser influencer par sa source. Je dois d'ailleurs remercier une jeune fille d'un établissement scolaire de m'avoir fait cadeau de cet enseignement.

Alors que j'étais de passage dans son école pour récolter des informations sur les goûts littéraires des jeunes, elle me surprit en me disant que l'une de ses plus belles lectures avait été *Conversations avec Dieu pour adolescents*. Curieuse, je lui demandai si elle croyait vraiment que c'était Dieu qui s'adressait à elle à travers ces lignes. Ce à quoi elle me répondit : « Je m'en fous un peu de savoir qui parle vraiment. L'important, c'est ce que je ressens en lisant ce livre. Il m'a fait beaucoup de bien et il a répondu à plusieurs de mes questions. L'auteur devient alors secondaire. C'est le contenu qui m'intéresse et non le contenant. » Touchée! J'allais me souvenir toute ma vie de cette sage leçon…

Donc, pour en revenir à Esther et Jerry Hicks, ce jour-là, l'exposé traitait de la puissance de notre esprit, et surtout, jusqu'à quel point nous pouvons créer à partir de notre inconscient. Une phrase entendue à cet atelier est toujours restée bien présente en moi :

> « *Vous pouvez tout être, tout faire*
> *et tout avoir dans votre esprit.* »

Cela signifie que dans votre esprit, vous êtes complètement libre et parfait. Vous pouvez y expérimenter absolument TOUT ce que vous désirez. Qu'il s'agisse d'une aptitude à développer, d'un objectif à atteindre ou d'une transformation à effectuer, faites-le d'abord dans votre esprit, et ce, le plus souvent possible.

Même si tout le monde vous dit qu'une chose est impossible, vous êtes en mesure de prouver le contraire dans votre esprit. Vous êtes le seul maître à bord et personne n'a le pouvoir de vous nuire ou de vous empêcher de penser.

Alors, que vous rêviez de conduire une voiture plus luxueuse, de décrocher un nouvel emploi ou d'attirer un amoureux, amusez-vous à vivre cette expérience dans votre esprit. Mettez-y le plus de détails possible. Ressentez-en toutes les émotions et vibrez au maximum.

En prenant l'habitude d'effectuer fréquemment ce genre d'exercice mental, vous verrez apparaître la concrétisation de votre rêve dans la réalité. C'est ce que Romain Gary décrit comme la rencontre ultime du rêve et de la réalité qui ne font qu'un et qui n'ont d'autre choix que de prendre forme dans le monde physique. Il fait d'ailleurs un parallèle avec les relations amoureuses :

« L'amour, tu sais, ce dont il a le plus besoin, c'est l'imagination. Il faut que chacun invente l'autre avec toute son imagination, avec toutes ses forces et qu'il

ne cède pas un pouce de terrain à la réalité ;
alors là, lorsque deux imaginations se rencontrent…
il n'y a rien de plus beau. »

Ce processus de cinéma mental est l'outil par excellence pour développer votre force et votre capacité de création. Plus vous l'exercerez, plus vous gagnerez en vitesse de manifestation. Et tout ce que vous pourrez ajouter dans la réalité qui encourage ou appuie votre cinéma rendra ce mode d'action encore plus puissant.

À titre d'exemple, je conseillais récemment à une amie qui souhaite trouver l'amour de faire sa liste de ce qu'elle recherche d'abord, puis de se fabriquer un tableau de visualisation avec des images illustrant le type d'homme recherché ainsi que le genre d'activités qu'elle aimerait faire avec lui. Mais pour pousser encore plus loin le cinéma mental, je lui suggérai aussi de se faire une compilation musicale de pièces ayant le pouvoir de la faire exulter en se mettant en scène avec l'homme de ses rêves. Voici les titres qu'elle a choisi de mettre sur cette compilation :

– *Je vais t'aimer* de Michel Sardou ;

– *Une femme avec toi* de Nicole Croisille ;

– *Sexual Healing* de Marvin Gaye ;

– *Une chance qu'on s'a* de Jean-Pierre Ferland ;

– *La vie en rose* d'Édith Piaf ;

- *Can't get enough of your love baby* de Barry White;

- *We've got tonight* de Kenny Rogers et Sheena Easton;

- *Have I told you lately* de Rod Stewart.

La musique et les films sont excessivement puissants pour nous permettre de ressentir les émotions reliées à nos rêves. Amusez-vous à y puiser votre inspiration et activez votre cinéma mental. Cette activité créatrice pourrait rapidement devenir votre passe-temps préféré.

Peu importe où vous vous trouvez, personne ne pourra deviner ce qui se passe dans votre tête. Ne perdez plus une minute et ACTION!

Mon Dieu, utilisez-moi !

⸺⸙⸺

« Et c'est la chanson du Bon Dieu
Celle qui rend le cœur heureux
Celui qui la chante au passage
L'aura toujours en bagage. »

La chanson du Bon Dieu
Paroles et musique de Pierre Bachelet
Interprétée par l'auteur

⸺⸙⸺

« L'ultime niveau de la confiance en soi consiste à réaliser
sa mission personnelle. (…) Elle répond au "rêve de l'âme",
à une inclination profonde du cœur pour un service
rendu à la communauté. »

JEAN MONBOURQUETTE

La première fois que j'ai eu l'idée de m'adresser
directement à Dieu, c'était lors de ma dépression.

Je me savais sur le mauvais chemin, mais je n'arrivais pas à trouver ma voie. Je tergiversais continuellement et je me posais une tonne de questions qui demeuraient malheureusement sans réponse pour la plupart. Il faut dire que j'avais touché le fond et que ma lumière intérieure était enfouie sous une multitude de regrets, blocages, blessures, etc.

C'est dans un moment de désespoir que j'ai osé lâcher prise et m'en remettre au Grand Manitou. Je n'étais certainement pas venue sur la terre pour perdre mon temps. Je commençais (merci la thérapie!) à prendre conscience de mes qualités, mes forces et mes talents. Je percevais peu à peu le contenu de ma valise. Et surtout, je me disais que je n'avais probablement pas apporté ce bagage en vain. On m'avait fait cadeau de certaines aptitudes ou particularités. Il faudrait bien que cela serve! Alors, en guise de prière un certain soir, j'ai dit à Dieu :

« Utilisez-moi! »

La réponse n'a pas tardé à venir… Quelques jours plus tard, je revoyais une copine du secondaire qui me proposait mon premier job à la télévision. J'allais œuvrer comme recherchiste sur l'émission de Louise Deschâtelets à Vox, la chaîne de télé. Et comment je sais que c'est Dieu qui m'a répondu, me demanderez-vous? Parce qu'il y avait de la poudre de perlimpinpin dans toute cette histoire…

Tout avait commencé par un rêve (c'est souvent le cas, n'est-ce pas?...). Au réveil un matin, j'étais surprise de me rappeler aussi vivement de l'un de mes rêves. J'y avais revu cette amie du secondaire et une petite voix me suggérait de l'appeler. Ce que je ne fis pas craignant qu'elle me prenne pour une cinglée. Ça faisait tout de même une quinzaine d'années que nous ne nous étions pas revues et je l'imaginais déjà le sourire aux lèvres en m'entendant lui dire: « Eh, j'ai rêvé à toi la nuit dernière et j'ai pensé t'appeler pour prendre de tes nouvelles! » J'ai décidé de laisser passer l'occasion…

Quelques jours plus tard, j'ouvre le téléviseur un midi en préparant le repas et qui je vois à l'écran? Caroline, cette même amie d'enfance à qui j'avais rêvé. Encore une fois, la petite voix se fait entendre me suggérant (plus fortement) de communiquer avec cette fille. Mais mon mental se montre plus obstiné et en conclut que ce serait stupide. Alors, encore une fois, je laisse passer.

Puis, encore quelques jours plus tard, je reçois un appel du collège où nous avions étudié. La jeune femme m'explique que des retrouvailles s'organisent et elle me dit: « Nous recherchons encore certaines filles, dont l'une avec qui tu as probablement gardé contact vu qu'en plus, il paraîtrait qu'elle habite maintenant la même ville que toi. » Eh oui, c'était bien Caroline dont elle me parlait et je ne savais pas qu'elle vivait dans la même ville que moi, mais je savais par contre où elle travaillait. C'est pourquoi j'ai promis de la contacter pour les aider à obtenir ses coordonnées.

Là, vraiment, je n'avais plus le choix. C'est à croire qu'une puissance supérieure avait utilisé toutes les ressources possibles pour faire en sorte que j'agisse et que je communique avec cette fille. C'est grâce à cette rencontre que je me retrouvai avec un poste de remplacement en tant que recherchiste et que je fis la connaissance de Louise Deschâtelets qui un jour, en réunion de production, me demanda : « Et toi, Christine, qu'est-ce que tu aimes dans la vie ? » La réponse sortit plus vite que je ne l'aurais voulu : « Lire ! »

C'est ainsi que, pour donner suite aux recommandations d'une collègue recherchiste, Louise proposa de me donner ma chance à titre de chroniqueuse littéraire à son émission. Et ce fut le point de départ de ma nouvelle carrière en communication. De là, je me retrouvai à animer une émission littéraire pendant un été pour être recrutée par l'équipe de *Salut Bonjour Week-end* à TVA par la suite.

J'avais demandé à être utilisée et je n'avais pas idée à ce moment-là à quel point je le serais, et ce, de manière positive !

Alors, encore aujourd'hui, quand j'ai l'impression de stagner un peu dans mon travail ou que ma vie pourrait être plus remplie (pas de n'importe quelles tâches, mais surtout de sens), je refais ma courte prière en demandant à Dieu :

« Mon Dieu, s'il vous plaît, utilisez-moi ! »

Et je remercie à l'avance, car je sais aujourd'hui que nos prières sont toujours exaucées. Pas aussi vite qu'on ne le voudrait parfois ou pas exactement comme on l'aurait imaginé, mais si on y regarde de plus près, avec les yeux du cœur et de l'âme, on saisit tout le sublime de l'expérience physique vécue en étant divinement accompagné…

Et vous, à quoi servirez-vous dans cette vie ?

Les attentes…

« Aussitôt que l'on rêve
C'est déjà qu'on est deux
Aussitôt qu'on en crève
C'est qu'on est amoureux
C'est déjà que l'on pense
Avec mélancolie
Que ce sera bientôt, bientôt, bientôt fini… »

Je t'aime à la folie
Paroles de Serge Lama et musique d'Alice Dona
Interprétée par l'auteur

« L'attente est la rouille de l'âme. »
CARLOS RUIZ ZAFON (*L'Ombre du vent*)

Longtemps, j'ai écouté la chanson *Je t'aime à la folie* de Serge Lama en pensant qu'il ne s'agissait que d'une belle chanson d'amour. Puis un jour, en l'écoutant plus attentivement, j'ai réalisé que le message ultime de cette chanson concernait les attentes de la vie.

Combien de fois sommes-nous déçus, amers et malheureux en raison des attentes que l'on entretient? Lisez à nouveau l'extrait de la chanson au début de ce chapitre…

« Aussitôt que l'on rêve
C'est déjà qu'on est deux »

Le sage monsieur Lama nous rappelle d'abord les premiers émois d'une relation amoureuse. Vous savez lorsque nous sommes dans cet état fébrile et joyeux nous donnant l'impression d'être sur un petit nuage. Ce sont les premiers balbutiements, l'ouverture à un nouveau monde de possibilités. Les effets sont euphorisants. Nous nous situons alors dans l'extrêmement positif et sommes prêts à bien des folies pour permettre à ce désir amoureux de prendre forme concrètement dans une relation stable et harmonieuse.

Puis, au fil du temps et des rencontres, la liaison devient plus sérieuse. On commence alors à parler d'un avenir ensemble, et insidieusement les attentes se forment, faisant place aux peurs qui les accompagnent…

« *Aussitôt qu'on en crève*
C'est qu'on est amoureux
C'est déjà que l'on pense
Avec mélancolie
Que ce sera bientôt, bientôt, bientôt fini... »

Et quelle est cette principale crainte? Que ce soit fini!

Laissez-moi vous faire un petit rappel: TOUT finit toujours par finir! C'est le cycle de la vie. Rien n'est éternel ou tout l'est. Cela dépend de notre point de vue et de nos croyances...

Des êtres meurent pendant que d'autres naissent. Des relations se terminent pendant que d'autres prennent forme. La peine, les appréhensions, le malheur tout comme la joie et le bonheur finissent par passer.

Cette façon de percevoir la vie m'enlève énormément de pression et me donne le goût de profiter pleinement de chaque moment qui passe.

Les attentes nous bousillent l'existence. Elles ajoutent un poids inutile au quotidien et nous empêchent de saisir le temps qui passe et d'en jouir. Elles bloquent la spontanéité et les élans du cœur qui provoquent les synchronicités et les moments magiques de la vie. À preuve, cette histoire vécue avec une amie d'enfance...

Cette copine m'avait demandé si elle pouvait venir passer le week-end chez moi vu que son amoureux était à l'extérieur du pays et qu'elle appréhendait de se retrouver seule pour le premier anniversaire de la mort de son père.

Tout le week-end, elle me raconta des souvenirs de son père et me dit à quel point elle pouvait sentir sa présence encore aujourd'hui. Le samedi soir, au souper, nous avons eu droit à une multitude de moments de grâce avec en prime de grandioses spectacles d'oiseaux qui semblaient s'être passé le mot pour venir ainsi danser et chanter dans ma cour. J'étais heureuse d'offrir ce moment de répit à ma chère amie.

Toutefois, le dimanche soir, jour officiel de la mort de son père, ma copine m'avoua son désarroi. Elle se demandait si elle en avait fait assez. Aurait-elle dû organiser un événement réunissant la famille? Un hommage particulier aurait peut-être été plus approprié? Est-ce que son papa serait déçu qu'elle n'ait rien fait de plus?

Au moment où elle me révélait les angoisses qu'elle vivait, je tentais de trouver les bons mots pour lui dire que d'où il était, son père n'avait certainement pas toutes ces attentes… Puis, une idée me traversa l'esprit à la vitesse de l'éclair. Un jeu de cartes inspirantes traînant sur le comptoir attira mon attention. Je lui mis dans les mains en lui conseillant de piger une carte avec l'intention de recevoir un message de son papa.

Encore aujourd'hui, je suis ébahie par le dénouement de cette histoire… Mon amie a tiré au sort la carte du père, la seule de ce genre dans le jeu. Le descriptif de cette carte commençait ainsi : « L'affaire en question concerne un homme qui joue un rôle important dans votre vie. » Puis un peu plus loin, dans les *autres significations possibles* : « Un proche décédé, un homme, vous envoie de l'amour du haut des cieux. »

Les larmes coulaient sur nos joues, mais nous avions le sourire fendu jusqu'aux oreilles. Quel moment absolument divin ! Mais surtout, il importait de bien saisir le message. Son père était présent et il n'attendait certainement pas un événement spécial ou une organisation particulière pour se manifester. C'est le cœur léger qu'elle a repris la route vers chez elle ce soir-là…

Entretenir des attentes ne peut que nous décevoir. Pensez à toutes ces fois où vous êtes allé faire des emplettes en vous attendant à trouver précisément ce que vous recherchiez pour en revenir fatigué, déçu et bredouille. Puis, une autre fois, vous avez décidé d'aller vous promener simplement pour le plaisir de fouiner dans les boutiques et c'est à ce moment que vous avez trouvé une foule de choses à votre goût.

Il en va de même pour toutes ces soirées que vous organisez espérant que le « party lève », comme on dit ! Puis, les choses ne se passent pas exactement de cette façon. Par ailleurs, un autre soir vous invitez des amis à la dernière minute et à la bonne franquette, et vous passez un moment formidable! L'équilibre de la vie fait que nous alternons continuellement entre l'ombre et la lumière, entre le positif et le négatif. C'est ce qui nous permet d'apprécier davantage la vie et de vivre selon un prisme plus large d'émotions et de sensations.

Un jour, après avoir assisté à une conférence vivement stimulante, je sortis de la salle pour la pause, en état de grâce et de gratitude. Robert Biswas-Diener, le conférencier, m'avait complètement charmée et l'intelligence avec laquelle il avait structuré sa présentation m'impressionnait.

De retour de la pause, je repris place pour une autre conférence et je sentis mon intérêt diminuer. Pourtant, l'oratrice était une sommité dans son domaine et ses propos étaient tout aussi captivants. C'est à ce moment-là que j'ai constaté que mes attentes étaient trop grandes, vu la performance précédente.

J'étais responsable de cette soudaine lassitude. Je devais me secouer un peu et redevenir complètement présente à ce que je voyais et entendais. La conférence précédente était terminée et je pouvais en conserver un sentiment de gratitude et d'enrichissement, mais je ne devais pas l'utiliser pour la comparer à une autre. Sans quoi, je ne profiterais pas pleinement de tous les enseignements à venir.

Vivre sans attentes est une autre facette du lâcher-prise. Attention cependant, cela ne signifie pas de ne plus avoir de rêves ou d'espoirs. Au contraire! Apprenez à reconnaître ce qui est bon pour vous et ce que vous désirez pour l'avenir. Par la suite, faites de votre mieux en tout temps et faites preuve de discernement. Soyez pleinement présents à la vie et aux gens qui en font partie. Puis, lâchez prise en ce qui a trait aux résultats. Car la vie pourrait vous surprendre et vous offrir encore mieux que ce que vous pensez... Vous laisserez alors place au sublime, à l'exquis, à l'inimaginable miracle!

C'est ainsi que vous deviendrez l'ultime créateur de votre vie. Tout comme les attentes minent le moral, la prise en main et la responsabilisation entraîneront leurs effets positifs. Car comme le dit ce cher monsieur Lama:

> *« Aussitôt que l'on chante,*
> *c'est déjà qu'il fait beau. »*

Je me fous la paix !

―⊷⊶―

« Je vous laisse ma paix, je vous donne ma paix
Je me pousse en paix avec les canards. »

Demain l'hiver
Paroles et musique de Robert Charlebois
Interprétée par l'auteur

―⊷⊶― *Belle*
citation

« On peut tout enlever à un homme sauf une chose, la dernière
des libertés humaines : le choix de son attitude dans n'importe
quelles circonstances, le choix de sa propre façon de faire. »

VICTOR FRANKL

Ê tes-vous le genre de personne qui ressasse continuellement les événements dans sa tête ? Cette
catégorie de gens qui se demandent sans cesse s'ils ont
dit ce qu'il fallait, s'ils ont agi de la bonne façon... Pire
encore, ils iront jusqu'à se créer des scénarios dans

lesquels ils imaginent le pire. Après une discussion, ces angoissés se demandent ce que leur interlocuteur voulait insinuer. Ils appréhendent, fabulent et analysent sans cesse. Fatigant à la longue, vous en conviendrez!

Marcel Bouchard, le sympathique chroniqueur de plein air de l'émission *Salut Bonjour Week-end* à TVA m'a fait cadeau un jour de ces sages paroles:

« Trop d'analyse, ça paralyse! »

J'ai souvent parlé de l'importance de faire du ménage dans sa vie et de se libérer de ce qui nous entrave. Aujourd'hui, je constate que cette émancipation doit commencer dans la tête. Mon Dieu qu'il s'en passe des choses là-dedans parfois!

En plus de ce chaos intérieur, il y a toute la pression que l'on se met au quotidien. Vous savez toutes ces listes de choses à faire, à acheter, à réparer, etc. On s'imagine qu'il est impensable de recevoir sans que la maison soit impeccable. On pense qu'il faut absolument faire ceci ou cela…

Si on poursuivait un peu plus loin sur le chemin du lâcher-prise en prenant congé de cette multitude de devoirs? C'est le principe même du concept de «je me fous la paix».

Alors par où commencer? Comment vivre de manière plus légère en diminuant les peurs, problèmes et questionnements? Il faut apprendre à s'en détacher. Étant donné qu'il faut parfois toucher les extrêmes pour retrouver son équilibre, et vu que nous avons déjà amplement vécu l'extrême stressant, voici des intentions, non pas de prière, même si le style risque de vous le rappeler, mais de LIBÉRATION. Je vous suggère de les lire à voix haute et de répondre pour chacune: **Je me fous la paix!**

- Pour toutes les fois où je m'invente des scénarios d'horreur, où j'imagine le pire et que je fabule… **Je me fous la paix!**

- Pour toutes les fois où j'interprète les dires de quelqu'un d'autre en supposant qu'il a voulu me blesser… **Je me fous la paix!**

- Pour toutes les fois où je pense que je ne suis pas aimé à ma juste valeur… **Je me fous la paix!**

- Pour toutes les fois où je crois que je n'en fais pas assez… **Je me fous la paix!**

- Pour toutes les fois où je me perçois comme une victime… **Je me fous la paix!**

- Pour toutes les fois où je fais des suppositions, où je me jette de mauvais sorts… **Je me fous la paix!**

- Pour toutes les fois où… (ajoutez ici tout ce qui n'a pas été écrit plus haut et qui vous aide à vous libérer davantage)… **Je me fous la paix!**

Comment vous sentez-vous? Vous trouvez que j'exagère? Parfait! C'est le signe que vous en avez grandement besoin. Pensez-y, à quoi servent tous ces tracas? Est-ce bon pour vous? Retrouvez votre gros bon sens et élevez-vous au-dessus de la souffrance. Œuvrez à vous décharger et vous verrez d'heureux changements se produire dans votre vie!

Car si trop d'analyse paralyse, on pourrait également affirmer qu'il n'y a pas de conscience sans expérience. Tout le temps perdu à se poser des millions de questions et à ressasser les regrets du passé ou les peurs de l'avenir dans notre tête nous privent d'une grande énergie qui pourrait être utilisée pour passer à l'action en ce qui a trait à nos rêves.

Étudiez la vie de ceux qui ont créé de grandes choses ou qui ont transformé le monde à leur façon, et vous constaterez qu'ils ont parfois passé pour des êtres nonchalants, car ils n'avaient pas d'autres choix que de se foutre de l'opinion générale, et de leurs propres barrières pour parvenir à avancer.

Oubliez ces milliers de petits détails qui vous empoisonnent l'existence et posez-vous plutôt la question:

« Est-ce vraiment important? »

Pendant qu'on se tracasse avec toutes ces petites choses futiles, on perd du temps qu'on pourrait plutôt utiliser pour s'émerveiller, célébrer, rire, et s'amuser!

La perfection de l'imperfection

« Comme une renaissance
Moment qui recommence
Pas de fin
Parce qu'il y aura toujours un lendemain. »

Comme avant
Paroles et musique de Marie-Mai et Fred St-Gelais
Interprétée par Marie-Mai

« C'est une perfection de n'aspirer point à être parfait. »
FÉNELON

Peut-être connaissez-vous des « Miss Perfection » ou des messieurs semblables ? Le type de personne qui doit toujours être impeccable, et ce, à tous les niveaux. Si elle vous reçoit chez elle, sa maison sera parfaite, les coussins placés dans une symétrie étudiée, le ménage irréprochable, etc. Elle aura tout préparé et rien n'aura été laissé au hasard.

Vous admirez peut-être ce genre de personne qui donne l'impression d'être toujours en pleine maîtrise d'elle-même… Vous vous demandez comment elle en arrive à tout faire ainsi. Alors, regardez plus attentivement.

Comment se comporte-t-elle durant la soirée? La trouvez-vous calme et joyeuse? Est-elle vraiment présente à ce qui se passe? Vous donne-t-elle l'impression de profiter pleinement du moment qui passe?

Hum! peut-être que non!

Elle surveille tout, a l'œil vif pour repérer une entorse à son code de perfection. Et si un invité s'apercevait qu'elle a oublié d'épousseter le rebord de la fenêtre dans la salle de bain? Sans arrêt, elle vérifie si quelqu'un manque de quelque chose, si la température est bonne, la cuisson à point, la musique trop forte ou pas assez.

Vous pensez que j'en mets trop ou que je juge ce type de comportement? Pas du tout parce que je sais de quoi je parle! J'étais ainsi, et peut-être pire encore, il y a quelques années. Je ne pouvais tolérer qu'une pile de livres sur une étagère ou une table ne soit pas parfaitement alignée. Je ne sortais jamais sans un maquillage et un look étudié que je passais mon temps à revérifier et à autocritiquer. Je peux vous affirmer de source sûre que je ne profitais pas des plaisirs de la vie. J'étais plutôt angoissée et probablement exaspérante pour mes proches.

Heureusement, une thérapeute m'a aidée à me défaire de ces pernicieux comportements, et aujourd'hui je constate à quel point j'ai changé. J'ai encore de petites rechutes, mais je réalise chaque jour les bienfaits de ma transformation. Et je m'applique à percevoir la perfection de l'imperfection, ce qui peut revêtir différentes formes.

Comme cette fameuse fois où j'étais à Paris pour réflexion et affaires. J'avais réussi à obtenir un maigre cinq jours de congé pour m'y rendre. J'y avais loué un appartement dans Saint-Germain-des-Prés avec la ferme intention de me la couler douce, et de réfléchir à mes objectifs en profitant des attraits de la Ville lumière. Ce que je fis, en partie.

Un flot ininterrompu de rencontres se déroula au cours de mon périple et je me retrouvai même à faire un aller-retour à Genève pour ma dernière journée. J'étais essoufflée quand je pris le taxi en direction de l'aéroport pour mon vol de retour. En route, je me suis surprise à penser que je n'étais même pas allée voir la tour Eiffel ou l'Arc de Triomphe. Ce court moment de déception se transforma rapidement en prise de conscience. J'avais passé cinq merveilleuses journées à Paris à faire des contacts et à développer de nouveaux projets, et la pensée qui occupait mon esprit portait sur le manque, sur ce que je n'avais pas pris le temps d'aller voir. Et j'étais à Paris! Ahurissant comme nous avons parfois le don de voir en premier ce qui ne va pas. Nous nous «enfargeons dans les fleurs du tapis» ou de la moquette, comme diraient justement les Parisiens!

Je me devais de saisir la magnifique leçon. Je n'avais pas réussi à tout faire ou à tout voir, mais ce que j'avais accompli valait son pesant d'or et suffisait. C'est le sourire aux lèvres et le cœur rempli de gratitude que je repris mon envol ce jour-là. Je comptais bien me souvenir de ce moment pour toujours, de déceler la perfection de l'imperfection: ce «tout est parfait» de la vie.

Mais la mémoire est une faculté qui oublie, surtout quand on a celle d'un poisson rouge…

Je me retrouvai donc quelques mois plus tard choquée et déçue de moi par la suite d'une chronique à l'émission de télévision *Salut Bonjour Week-end* où je devais passer un message particulier que j'ai complètement oublié. Durant tout le trajet du retour à la maison et pour une bonne partie de la journée, je passai mon temps à me traiter mentalement de tous les noms. Je m'en voulais tellement d'avoir oublié ce petit détail. Ce n'était pourtant pas compliqué. J'aurais dû m'en rappeler. Je n'aurais souhaité qu'une chose, pouvoir retourner en arrière et réparer mon erreur. Mais cela n'était pas possible. Et heureusement, car j'allais encore une fois faire un bel apprentissage de la vie.

Accablée à force de me sermonner moi-même, je finis par me rendre à l'évidence. J'étais en train de gâcher ma journée à cause d'un tout petit incident dont j'avais amplifié les possibles répercussions. Et si tout était parfait ainsi ? Et si c'était cela le Grand Plan ? Je pouvais aussi me dire que cela était arrivé ainsi pour une raison précise. Et comme on ne peut changer le passé, il me fallait revenir au présent, me pardonner et continuer d'avancer.

Combien de fois dans la vie nous retrouvons-nous dans ce genre de situation ? Encore plus souvent, si on a à apprendre définitivement la leçon…

On aura parfois l'impression de reculer au lieu d'avancer, ou au mieux de faire du surplace. Sinon, il se peut aussi que l'on fasse des détours. Mais peut-être devons-nous comprendre que cela fait partie de notre évolution. Peut-être même que ces expériences nous permettront d'aller encore plus loin.

Ce qui me rappelle le film *Bureau de contrôle* avec Matt Damon et Emily Blunt. Ce film bouleversant à plusieurs égards raconte l'histoire d'un homme et d'une femme qui après une seule rencontre ont l'impression de se connaître ou de se reconnaître. Mais selon ce qui est prévu dans leurs destinées respectives, ils ne doivent pas développer une relation ensemble. Les agents du Bureau de contrôle tenteront donc par tous les moyens de les séparer, mais leur amour est plus fort encore. Et finalement, on comprend ce que représente le véritable «libre arbitre» de l'être humain.

Si je me réfère à mon interprétation personnelle de cette histoire, ce récit signifie que nous avons effectivement un destin, un chemin tracé ou un plan préétabli. En cours de route, il se pourrait qu'on déroge à ce chemin, c'est pourquoi il y aura des ajustements : c'est-à-dire des événements imprévus et surprenants qui nous arrivent parfois, des changements au programme, des caprices du hasard et des revirements de situation. Nous nous sentons déboussolés quand cela se produit et souvent, nous sommes forcés de revoir notre trajectoire et de nous poser certaines questions. Puis, le cheminement reprend, et la vie continue.

Mais, voici une autre possibilité.

Si nous accomplissions notre vraie mission en apprenant à nous connaître et à établir une réelle relation avec notre âme pour évoluer en conscience, peut-être aurions-nous alors la possibilité de changer le plan en cours de route? C'est ce qui expliquerait que certaines personnes parviennent à se transformer radicalement, à guérir miraculeusement, ou à donner l'impression d'avoir fait un bond dans leur évolution, une forme de mutation ou une profonde métamorphose.

Et s'il existait un niveau d'élévation de conscience qui permettrait d'atteindre le vrai libre arbitre, pour

ainsi prendre pleine possession de ses moyens et acquérir le pouvoir de changer les choses?

Ce ne sont certainement pas des affirmations
scientifiques que j'apporte ici, mais je vous invite simplement à laisser libre cours à ce genre de questionnement. Vous serez probablement surpris des pensées
qui émergeront, tout en vous questionnant sur le sens
de la vie. Ou du moins, cela vous donnera de nouveaux
sujets de discussion!

La paix intérieure

―∞―

« Sortir de sa cage
Et trouver sa voix
C'est un long voyage
Arriver chez soi. »

Arriver chez soi
Paroles de Gilles Vigneault
et musique de Gilles Vigneault et Bruno Fecteau

―∞―

« Il faut apprendre à rester serein au milieu de l'activité
et à être vibrant de vie au repos. »

GANDHI

Plus jeune, je faisais des crises d'angoisse. Plus tard, j'ai commencé à m'automutiler en m'arrachant la peau des lèvres ou celle de mes doigts. Toujours, je vivais sur fond de peur et de stress. Vous comprendrez pourquoi je recherche tant la paix intérieure. J'admire ces maîtres spirituels que rien ne semble atteindre et qui arbore le sourire du contentement et de la délicieuse joie de vivre.

Remarquez comme on admire souvent ce qui doit émerger de nous. Comme l'oiseau qui attend dans l'œuf ou le chêne majestueux déjà en prévision dans le gland, certaines parties de nous semblent nécessiter une plus longue incubation ou gestation. Pendant plusieurs années, on tendra vers... C'est notre quête qui vise en fait à simplement nous remettre en relation avec notre essence profonde. Notez aussi comme nous avons tendance à devoir toucher le fond pour parvenir à remonter à la surface et en arriver enfin à l'aboutissement de notre aspiration la plus profonde.

Puis, un jour, on fait une formidable découverte: nous avions vu les choses pires qu'elles ne l'étaient réellement. Nos rêves les plus chers se réalisent souvent plus aisément que nous l'aurions cru. On dirait alors que toute notre vie nous a menés vers cette concrétisation. Certains auteurs parlent de l'occasion qui rencontre la préparation. C'est l'étincelle, le feu d'artifice même parfois!

Concernant ma recherche de paix intérieure, la flammèche s'est enflammée lors d'une formation sur le «*mindfulness*», que l'on traduit en français par la *pleine conscience*. Nous pouvons traduire «mindful» par: *devenir attentif à*. Le suffixe «ness», quant à lui, se reporte à une manière d'être. L'encyclopédie libre Wikipédia nous offre cette définition de la *pleine conscience* :

> « La pleine conscience (parfois également appelée attention juste, *samma sati* en sanscrit) est une expression dérivée de l'enseignement de Siddhartha Gautama et désignant la conscience vigilante de ses propres pensées, actions et motivations. Elle joue un rôle primordial dans le bouddhisme où il est affirmé que la pleine conscience est un facteur essentiel pour la libération *(Bodhi ou éveil spirituel).* »

Devenir observateur de soi et de la vie, tel que suggéré au préalable, vous aidera à développer cet état de pleine conscience. Ce faisant, vous diminuerez considérablement votre niveau de stress. On pourrait se référer ici aux quatre accords toltèques qui vont comme suit :

1. Que votre parole soit impeccable.

2. Ne réagissez à rien de façon personnelle.

3. Ne faites aucune supposition.

4. Faites toujours de votre mieux.

J'ai lu ce livre de Don Miguel Ruiz à plus d'une reprise et ces quatre principes font maintenant partie intégrante de ma *charte de vie.* Je vous lance l'invitation à lire cet ouvrage ou à l'écouter sur CD, si ce n'est déjà fait, mais également à vous intéresser à la *pleine conscience*. Cela ne pourra que vous être bénéfique.

Lors de ma formation sur le sujet, j'ai appris différentes méditations reliées à cet état d'être. Je rêvais de méditer depuis longtemps, mais jamais encore je n'y étais arrivée. Étant un brin hyperactive de nature, mes pensées s'activaient à une vitesse folle et je terminais mes essais de méditation plus troublée qu'apaisée. Le jour où j'y suis parvenue pour la première fois, j'ai compris que certaines personnes (comme moi!) avaient parfois besoin de balises ou d'une structure pour entreprendre une activité nouvelle.

Tout comme il existe une multitude de recettes pour apprêter un même plat, il existe diverses façons de méditer. C'est bien humblement que je vous propose la mienne qui s'est avérée la plus agissante. Vous me reconnaîtrez en constatant sa simplicité… Je l'apprécie particulièrement parce qu'elle est basée sur l'amour et la gratitude, ce qui pour moi renvoie à une grande puissance. En anglais, on l'appelle *The love and kindness meditation*. Voici mon adaptation personnelle de cette méditation:

Technique de méditation amour et gratitude

1. D'abord, choisissez une pièce de musique instrumentale qui vous apaise ou vous donne l'impression de vous nourrir l'âme. Vous

trouverez ce genre d'albums dans la section nouvel âge de votre disquaire préféré.

2. Installez-vous confortablement. Pour ma part, je médite assise dans un fauteuil, les pieds à plat au sol ou en position du lotus. Je place mes mains sur mes cuisses.

3. Prenez trois grandes respirations en inspirant par le nez et en expirant par la bouche.

4. Amenez à votre esprit l'image d'une personne que vous aimez profondément. Pensez à cette personne en ressentant tout l'amour qu'elle génère en vous.

5. Imaginez-vous alors transposer l'amour de cet être vers vous. Faites-vous cadeau de ce sentiment grandiose. Demandez à être libéré de vos souffrances et à expérimenter la joie et la paix.

6. Songez maintenant à un être qui vous semble plus difficile à aimer en ce moment dans votre vie. Transférez-lui cet amour que vous ressentez dans toutes les fibres de votre corps actuellement.

7. Puis, dirigez cet amour et cette gratitude vers le monde, la terre et l'univers tout entier.

8. Terminez en remerciant pour cette méditation. Revenez tranquillement à la réalité et ouvrez vos yeux.

Cette méditation peut se faire à n'importe quel moment de la journée. Si vous méditez le matin, vous serez énergisé pour la journée et vous aurez probablement l'impression d'être plus présent, et donc en possession de tous vos moyens, ce qui vous rendra beaucoup plus efficace. Si vous méditez le soir avant de vous endormir, votre sommeil sera plus profond et réparateur.

Le temps que vous accorderez à votre méditation importe peu pourvu que vous parveniez à ressentir l'amour et la gratitude. Ce simple exercice a produit de fabuleux résultats en moi. Je peux enfin goûter à la paix intérieure. Je ne suis certes pas encore une experte, mais lorsque je médite pendant quelques jours consécutifs, je m'aperçois que mon état d'être se transforme. Je deviens plus ouverte et je juge moins. Je suis davantage attentive et mon intuition est plus accrue.

En guise de conclusion de ce chapitre, je vous offre à la page suivante un petit poème inspiré à la suite d'une méditation :

S'arrêter

S'envelopper

Revenir à l'intérieur de soi

Pour mieux s'ouvrir

Devenir papillon

Revoir notre destinée

Pour mieux s'aimer

Et se retrouver

En tant qu'être

Divin

Et Unique !

Hymne à nos parents

—⊷⊶—

« À tous les pères de la terre
À toutes les mères qui entendront
Ma chanson comme une prière
Comme mille voix qui disent
"Nous vous aimons". »

À mon père et ma mère
Paroles et musique d'Étienne Drapeau
Interprétée par l'auteur

—⊷⊶—

« Les enfants commencent par aimer leurs parents ;
devenus grands, ils les jugent ; quelquefois,
ils leur pardonnent. »

OSCAR WILDE

« Quand j'ai été kidnappé, mes parents ont tout de suite agi :
ils ont loué ma chambre. »

WOODY ALLEN

Un brin sarcastique, je réponds souvent à des amis qui se plaignent et jouent à la victime : «Ah, mais c'est sûrement à cause de ta mère!»

Car combien de fois avons-nous entendu cette défaite ou lâche explication pour donner des raisons aux travers et blessures humaines qui nous affectent?

Dans ma volonté de me responsabiliser et d'aider les autres à en faire autant, je me suis dit qu'il était grand temps de se rappeler ceci :

Nos parents ont fait du mieux qu'ils ont pu
avec ce qu'ils avaient
(il en est de même pour vous si vous êtes
parents aujourd'hui).

À certains moments, j'ai l'impression qu'on oublie l'essentiel. Nous ne serions pas ici si ce n'était de nos parents. Pour nous avoir donné la vie, ils méritent notre amour. Pour avoir pris soin de nous pendant notre enfance (et plus longtemps encore pour certains…), ils méritent notre gratitude. Pour le reste, s'ils vous ont blessé, rappelez-vous qu'ils étaient eux-mêmes probablement souffrants.

Observez un bébé naissant, vous constaterez à quel point il est une œuvre grandiose, une démonstration humaine de pureté et de bonté. Avez-vous déjà regardé un poupon en vous disant qu'il avait l'air méchant? C'est pour le moins impossible, car nous venons au monde dans notre suprême perfection. Toutefois, avec cette opportunité de vivre, nous devenons également libres de nos choix et de nos actes. Nous aurons toujours la liberté de choisir l'ombre ou la lumière, d'accepter ou non les blessures et les souffrances, et ultimement de les transmettre ou non.

Donc, chacun fait ce qu'il peut avec ce qu'il a et choisit son mode d'action et de réaction. Une fois rendus à l'âge adulte, si nous ne sommes pas satisfaits de ce que nous avons reçu, nous avons la possibilité d'y remédier.

Pour ce faire, vous pourriez effectuer l'exercice du choix conscient de l'héritage de vos parents. Ainsi, pour chacun d'eux, dressez la liste de ce qu'ils vous ont apporté. Vous pouvez noter des traits de caractère, des qualités et des défauts. Par la suite, relisez attentivement ce que vous avez consigné en rayant de cette liste ce que vous ne désirez pas conserver ou ce que vous désirez transformer.

Lors de mon séjour à Vancouver, en retraite de pleine conscience avec le maître Thich Nhat Hanh, on nous a fait faire un exercice semblable. Nous devions amener à notre esprit l'image de nos parents, ressentir ce qu'ils nous avaient transmis et redonner à la terre ce qui n'était plus nécessaire à notre évolution. Pour ce faire, nous nous couchions par terre face au sol. Cet exercice permet de retrouver un certain équilibre, et surtout, de se libérer de ce qui est devenu désuet.

Ultimement, peu importent les blessures ou trauma-tismes vécus, on parvient à ressentir la gratitude pour ceux qui nous ont donné la vie. C'est à ce moment que l'on reprend notre pouvoir et que l'on devient plei-nement responsables de notre destinée.

Voilà l'héritage réel à recevoir de la part de nos parents. Il faut prendre conscience de ce qu'ils nous ont transmis et faire de nouveaux choix à partir de là. C'est ce qui me fait souhaiter l'abolissement des héritages pécuniaires. Chacun devrait jouir de ce qu'il a créé. Car le plus bel héritage ne se calcule pas en argent. Il réside plutôt dans l'amour et l'accompagnement. Je dis sou-vent à mes parents de profiter de leur argent et de ne surtout pas en laisser. Ils m'ont appris à voler de mes propres ailes et à créer selon mes besoins. Ça vaut tout l'or du monde!

Pour se libérer soi-même, il faut également libérer nos ancêtres. Il faut se détacher des chaînes qui nous relient et leur redonner leur liberté pour prendre la nôtre.

Dans son livre *La Plénitude de l'instant: Vivre en pleine conscience*, Thich Nhat Hanh fait référence au fait que chacun de nous porte en lui un Bouddha. C'est une autre façon d'illustrer cette partie divine de nous qui cherche à émerger et qui se veut une porte ouverte vers notre élévation de conscience. Sachant que c'est ce que nous sommes en devenir, il faut prendre soin de ce bébé divin en nous. Ou comme dirait Thich Nhat Hanh :

« Nous sommes tous des Bouddha en devenir.
Il nous faut prendre soin de notre bébé Bouddha. »

La voilà notre grande responsabilité de l'âge adulte ! Il faut couper le cordon avec les parents et s'occuper de soi. Plus encore, selon Thich Nhat Hanh, nous devenons responsables aussi de ce que nous avons à l'intérieur, de ce que nous sommes venus apporter au monde.

Rien ne se perd, rien ne se crée

—⁂—

« *Comme un loup qui viendrait au monde*
Une deuxième fois
Dans la peau d'un chat. »

Le petit roi
Paroles de Jean-Pierre Ferland, musique de Michel Robidoux
Interprétée par l'auteur

—⁂—

« Rien ne se perd, rien ne se crée, tout se transforme. »
LAVOISIER

Dominique Allaire, auteure et amie, m'a enseigné un jour le principe d'Antoine-Laurent de Lavoisier voulant que « Rien ne se perd, rien ne se crée, mais que tout se transforme ». Il est intéressant de remarquer qu'à partir du moment où l'on prend conscience de ce fait, on a le loisir de le constater à répétition…

C'est ainsi qu'à la suite d'une séparation amoureuse, j'accueillis un nouveau venu sur mon terrain. Igor (c'est le nom que je lui donnai), un matou sauvage, prenait la délicieuse habitude de venir se prélasser dans ma cour. Son poil noir et touffu luisait au soleil et lui donnait un air de supériorité comme celui qui sait qu'il a tout pour plaire. Le bout de ses pattes blanches traduisait chez lui un petit côté plus doux et sensible malgré ses airs de brute. Une jolie moustache blanche complétait le tableau de ce mâle envoûtant.

Chaque jour, je l'admirais et l'apprivoisais en même temps. J'avais l'impression d'établir un certain contact avec lui. Il était là pour une raison qu'il me tardait de découvrir…

Pour me démontrer toute sa force et sa fougue, il prenait le temps de s'arrêter devant la fenêtre de mon bureau pour me montrer fièrement le résultat de sa chasse quotidienne. Je le regardais horrifiée, mais sans pour autant me rappeler qu'il faisait partie du formidable processus de la vie.

Puis un jour, j'ai compris. En éternelle romantique que je suis, je disais à qui voulait l'entendre que je rêvais d'un homme solide comme le roc qui aurait à la fois le don de faire chavirer mon cœur, mais également de faire vibrer toutes les fibres de mon corps. Je voulais me sentir toute petite dans ses bras et profiter de la vie avec lui.

Igor était la représentation animale de mon homme idéal. J'en ris encore quand j'y pense. La nature est bonne et abondante. Elle peut parfois s'avérer une grande source de réflexion.

Alors, mes questions pour vous sont les suivantes :

– Qu'avez-vous l'impression d'avoir perdu dans votre vie ?

– Qu'est-ce qui semble vous manquer actuellement ?

Ouvrez vos yeux ! La vie vous offre une multitude de moyens de remplacer ce manque en attendant de le concrétiser à nouveau dans votre existence. Ne dit-on pas aussi que le vide tend à se remplir ?

Faites l'exercice de percevoir davantage les parfaits remplissages. Vous aurez alors une myriade de raisons pour lesquelles remercier et c'est ainsi que vous vibrerez sur le même plan que ce que vous désirez attirer de nouveau.

La constatation du manque attire inévitablement le manque. Ça, je le savais (avec ma tête), mais je pris un peu plus de temps pour comprendre et mettre en application une façon de penser me permettant de remplir immédiatement ce manque pour attirer plus rapidement ce qui y correspondait.

C'est ce qui pourrait expliquer les séries d'événements autant positifs que négatifs que l'on peut vivre. Un malheur n'arrive jamais seul, mais un bonheur non plus! Et il n'en tient qu'à nous de revoir notre point d'attraction. Imprégnons-nous vite et à profusion d'idées positives, et de tout ce qui nous fait ressentir des émotions agréables, lumineuses, sereines et en harmonie. C'est ce que nous attirerons en abondance!

Rappelons-nous surtout que chaque fois qu'une porte se ferme, une autre s'ouvre. Pour éviter bien des souffrances, ne tentons pas de garder un pied dans la porte qui est en train de se fermer, mais retournons-nous pour voir ce qui nous attend devant. Si nous faisions davantage confiance à la perfection de la vie et que nous prenions l'habitude de bouger plus rapidement, nous éprouverions beaucoup moins de souffrances. D'ailleurs, je vous confirme qu'on arrive même à aimer ce processus. On se développe un côté plus aventurier qui nous rend positivement fébrile au changement et à la nouveauté.

De toute façon, pour toute situation, n'oubliez pas notamment que tout est parfait même si vous avez l'impression du contraire. Dans son magnifique roman intitulé *Longtemps, j'ai rêvé d'elle*, Thierry Cohen nous enseigne une phrase à ce propos: « *Gam zou lé tova* », ce qui signifie que même ça, c'est pour le mieux. À retenir pour les temps de crise!...

Une routine stimulante

« Ce que je veux inventer sur terre
C'est un remède contre le cafard
Contre la pluie, les nuits solitaires
Et contre les marchands d'bobards. »

Voyage au paradis
Paroles françaises de Boris Vian, paroles et musique originales
d'Harold Arlen et Ted Koehler (Get Happy)
Interprétée par Diane Tell

« De la même manière que l'appétit vient en mangeant,
l'inspiration vient en travaillant. »

IGOR STRAVINSKI

On dit que l'appétit vient en mangeant, mais finalement on se rend compte que tout le reste fonctionne de la même façon.

Peut-être connaissez-vous des gens qui ont toujours hâte à la fin de leur journée de travail, au « 5 à 7 » (communément appelé le « *Happy Hour* », comme si le bonheur n'était pas possible avant ce moment…), au week-end ou aux prochaines vacances ? Peut-être en faites-vous partie ?

Au bulletin de nouvelles à la télévision, je tombai un jour sur une entrevue avec un maître-chien pisteur. Vous savez ces toutous entraînés pour détecter toute trace de drogue dans les bagages ou sur les passagers ?

Le journaliste s'informait de la méthode d'entraînement de ces chiens qui est évidemment très rigoureuse. Vers la fin de l'entrevue, il demanda au maître-chien comment il pouvait s'assurer que l'animal était encore assez alerte en vieillissant. Y avait-il un moyen de connaître le moment où le fidèle toutou ne serait plus apte à ce travail ? Ce à quoi le maître-chien répondit : « Bien sûr ! Vous savez, pour ce chien, ce travail est en fait un jeu. Il s'amuse à détecter les substances illicites. Alors, lorsque nous nous apercevons qu'il semble moins joyeux et qu'il ne s'amuse plus, nous le mettons à la retraite tout simplement ! »

J'étais tordue de rire dans mon fauteuil en pensant à l'immense quantité de gens qui seraient à la retraite si on appliquait la même stratégie aux êtres humains dans la société !

Alors, ma question pour vous est la suivante :

Avez-vous du « fun » au travail ?

Si ce n'est pas le cas, que faites-vous là ? Qu'attendez-vous pour changer les choses ? C'est impossible, me dites-vous ? Ça dépend... Ça dépend de ce que vous avez accepté, de ce dont vous vous êtes contenté...

Ça dépend aussi de vos obligations. Si votre hypothèque, votre paiement d'auto et tout le reste sont trop élevés, cela vous met de la pression, j'en conviens. En fait, on pourrait même dire que vous ressentez la pression parce que vous manquez de liberté... Dans ce cas, vous aurez probablement intérêt à faire du ménage...

J'ai longtemps cru moi aussi que le travail désignait une activité pas nécessairement plaisante, mais indispensable pour gagner sa vie. D'ailleurs, si vous recherchez le mot « travail » dans le dictionnaire *Le Petit Robert*, la première description que vous lirez sera la suivante : « État pénible ». Puis, un peu plus loin, on fait référence à la femme accouchant qui, lors des contractions utérines aboutissant à l'extraction du fœtus, sera en période de travail.

On renvoie aussi à des termes synonymes tels que des tâches, une besogne, des corvées, du boulot, pour ne nommer que ceux-là... Édifiant !

Et si l'on n'avait rien compris ? Parfois, j'aime imaginer mes anges ou mes guides s'adressant à moi pour m'expliquer les choses de la vie. C'est drôle, mais je ne crois pas qu'ils me parleraient de travail acharné et de l'importance de «gagner ma vie»... J'ai plutôt l'impression qu'ils me rappelleraient de faire ce que j'aime, de mettre mes talents à profit et de trouver la joie.

Alors, j'ai décidé de faire comme les enfants et d'aller jouer au lieu d'aller travailler! Chaque matin, je me réveille en pensant: «*À quoi on joue aujourd'hui?*» Et ça donne le ton à ma journée. Plutôt que d'accomplir ce que j'ai à faire dans un état de découragement ou de fatigue, je suis enthousiasmée par ma vie professionnelle et toujours, je recherche des manières créatives et amusantes de gagner ma vie!

Et pour m'assurer de demeurer dans cet état d'esprit, je fais mon bilan de temps à autre. Pour chacun de mes mandats, je me demande si j'éprouve encore du plaisir à faire cela. Si ce n'est pas le cas, j'effectue les changements appropriés.

Plusieurs personnes m'ont fait part de leurs outils pour se sortir de situations difficiles ou simplement pour leur rendre la vie plus facile et plaisante. Chacun y va de son petit truc, parfois original, mais toujours efficace. J'ai pensé que vous aimeriez profiter des ces bonnes idées pour remettre un peu de «spling» dans votre vie (comme le dit Mademoiselle C. dans les histoires de Dominique Demers), que ce soit au travail ou ailleurs.

D'abord, que faites-vous au lever? Votre réveille-matin est-il réglé sur une musique douce ou sur un poste de radio où l'on ne fait que maugréer et se plaindre? Ensuite, de quel ordre sont vos premières pensées? En profitez-vous pour vous souhaiter une belle journée remplie d'agréables surprises? Certains utilisent la technique des «pages du matin», de l'auteure Julia Cameron, qui consiste à écrire trois pages de tout ce qui vous passe par la tête, de la liste d'épicerie et autres courses à toute autre pensée. Cet exercice permet de vous libérer pour ainsi faire place à votre créativité.

Pour ma part, j'aime bien commencer ma journée en pigeant ma carte du jour. Il existe plusieurs jeux de cartes de ce type qui foisonnent de messages positifs et qui font beaucoup de bien. Par la suite, vous aimerez peut-être méditer quelques minutes en prenant le temps de remercier pour tous les aspects positifs qui se trouvent déjà dans votre existence.

Certains vous diront aussi qu'il est primordial de toujours avoir à portée de la main une lecture motivante en cours… Voici ma sélection de ces livres à déguster au quotidien:

- *L'Abondance dans la simplicité: La gratitude au fil des jours* de Sarah Ban Breathnach.

- *Le Livre du bonheur* de Marcelle Auclair.

- *Oracles des anges: Guidance au quotidien* de Doreen Virtue.

- *Le Succès selon Jack: Les principes du succès pour vous rendre là où vous souhaitez être!* de Jack Canfield.

Peu importe ce que vous ferez et à quel moment vous déciderez de le faire, l'important c'est que cela vous soit bénéfique. Ainsi, vous concocterez votre propre routine stimulante, celle qui vous aidera à demeurer optimiste malgré les aléas de la vie.

Alors, à quoi allez-vous jouer aujourd'hui?

Qu'est-ce qui fait chanter votre cœur?

———❦———

« Chacun a sa mélodie au fond de lui
Chante-la ta chanson
Elle est sûrement jolie
Chante-le qu'elle est belle ta vie. »

Chante-la ta chanson
Paroles et musique Jean Lapointe et Marcel Lefebvre
Interprétée par Jean Lapointe

———❦———

« Nous appellerons émotion une chute brusque
de la conscience dans le magique. »
JEAN-PAUL SARTRE

Qu'est-ce qui vous fait « triper » dans la vie? Qu'est-
ce qui vous passionne, vous donne la chair de

poule, vous fait pleurer ou vous fait vous sentir vivant ? Ces sensations ne sont pas futiles. Elles sont plutôt porteuses de messages…

Alors que j'assistais au deuxième congrès mondial de psychologie positive, j'ai rencontré le grand Dr Christopher Peterson qui portait fièrement un tee-shirt avec une inscription qui a attiré mon attention. C'était la question suivante :

What makes life worth living ?

On pourrait la traduire par :

Qu'est-ce qui donne de la valeur à la vie ?

ou

*Qu'est-ce qui fait que la vie vaut
la peine d'être vécue ?*

À partir de cette question, un projet a été mis en œuvre à l'Université du Michigan où l'on a fait imprimer et distribuer de petits cartons sur lesquels les étudiants devaient inscrire leur réponse. Les tee-shirts comme celui porté par le Dr Peterson servaient cette même cause.

Nous devrions mettre encore plus de programmes de ce genre sur pied dans le monde francophone. Il faut aider les étudiants, les employés et tous les membres de notre société à se poser les bonnes questions, celles qui font cheminer positivement.

D^r Ed Diener, l'un des pères de la psychologie positive, que l'on surnomme d'ailleurs Dr Happiness, dit que pour que notre vie soit satisfaisante, il faut qu'elle ait un but et du sens. Encourageons-nous mutuellement à trouver nos propres réponses et surtout à atteindre cette merveilleuse satisfaction. Pour ce faire, commençons tout de suite par rechercher le bonheur et la joie au quotidien.

Pensez à ce que vous trouvez beau et à tout ce qui vous émerveille. Il peut s'agir tout autant de toutes petites choses que de plus grandes. L'important, c'est l'effet ressenti. Certains diront que ça fait chanter leur cœur comme si leur âme prenait de l'expansion. Pensez à un moment dans votre vie où vous avez été ému à un point tel que vous en avez presque perdu vos moyens. Vous aviez alors l'impression d'être transporté, élevé ou enveloppé de tellement d'amour et d'émotions positives que vous en étiez presque dépassé.

Au moment où j'écris ces lignes, je me rappelle d'un moment pareil vécu lors du visionnement du film *Happy*. En attendant qu'il soit traduit en français, vous pourrez en savoir plus sur cet extraordinaire projet en visitant le www.thehappymovie.com sur Internet. C'est assurément le plus beau film que j'aie vu de toute ma vie.

Roko Belic a dirigé ce film avec l'aide de Tom Shadyac, l'un des plus grands producteurs hollywoodiens (producteur d'Ace *Ventura*, *The Nutty Professor* [*Le Professeur Foldingue* en France, et *Nigaud de professeur* au Québec], *Bruce Almighty*, pour ne nommer que ceux-là). L'idée leur est venue après avoir lu un article dans lequel on listait les pays selon leur degré de bonheur. Étonnamment, les pays les plus riches n'étaient pas les plus heureux. À preuve, plusieurs personnes vivant à Beverly Hills, et possédant de grandes richesses, se plaignaient d'un vide intérieur qu'ils essayaient malheureusement de combler par l'alcool et les drogues…

Nos deux comparses se sont donc donné pour mission de trouver la clé du bonheur suprême. Comment se faisait-il que des gens vivant dans des conditions précaires puissent être aussi heureux ? Évidemment, ils l'ont trouvé ! Et c'est le produit de cette trouvaille qu'on voit défiler sur l'écran de ce long-métrage.

En plus de nous présenter les plus grands chercheurs en matière de psychologie positive à travers le monde, les producteurs ont rencontré des gens ordinaires qui ont trouvé le moyen de vivre un bonheur extraordinaire. Manoj Singh est l'un d'entre eux. Cet homme vit dans une hutte en Inde. Il se lève aux petites heures chaque matin pour exercer un travail qui lui permet à peine de nourrir sa famille. Mais vous devriez voir son sourire, sa fierté et sa dignité quand il nous démontre à quel point il est chanceux, car au-dessus des lits dans leur hutte, se trouve un petit toit qui empêche l'eau de leur couler sur la tête pendant la nuit.

Puis, *Happy* nous amène à Okinawa, cette île du Japon où les centenaires sont beaucoup plus nombreux que partout ailleurs dans le monde. Les habitants d'Okinawa ont l'habitude de dire que leur secret est dans leur jardin. En effet, ils cultivent eux-mêmes une grande partie de ce qu'ils consomment. Mais il y a plus que cela…Les insulaires marchent tous les jours, au moins sept kilomètres. Sinon, ils s'adonnent à d'autres formes d'activité physique avec beaucoup de plaisir.

De plus, ils entretiennent de saines relations autant avec leur famille qu'avec leurs amis. Ils développent leur spiritualité et sont de vrais adeptes de la pensée positive. Finalement, ils semblent viser et atteindre l'équilibre en tout. En paix avec eux-mêmes et vivant selon un rythme plus zen, ils ne prennent jamais leur retraite parce qu'ils sont trop amoureux de leur travail.

Lorsque le générique du film est apparu sur l'écran, j'avais envie de me lever et d'applaudir à tout rompre. Vous décrire exactement l'état dans lequel je me trouvais serait impossible, tant je ne dispose pas de mots assez puissants pour transmettre ce genre d'émotions. Je me disais qu'il fallait que tout le monde visionne ce film. Personne ne pourrait y rester indifférent. Plus encore, je crois que ce genre d'images et d'histoires nous donnent le goût de devenir de meilleures personnes.

Comme j'aurais dit du temps où j'animais une émission du matin à la radio, j'ai ressenti un immense « spouish » de bonheur. Ne cherchez pas ce mot dans le dictionnaire, il ne s'y trouve pas. Ce sont de petits moments de grâce très intenses. Et heureusement, à partir de l'instant où vous en vivez un, vous ne pouvez qu'être tenté d'en attirer d'autres.

L'auteure Florence Servan-Schreiber définit ces moments comme des « kifs ». Dans son livre intitulé *3 kifs par jour*, elle le définit ainsi :

> « *Kif, [kif] n.m : instant, situation, interaction, événement, perception ou émotion provoquant une sensation d'agrément, d'aise, d'amour, d'amusement, de bien-être, de bienfait, de chance, de création, de bonheur, de conscience, de complicité, de charme, de contentement, de délectation, de gourmandise, de distraction, de sens, de connexion, d'euphorie, d'expression, de fantaisie, de félicité, de grâce, de gaîté, de joie, de jouissance, de récréation, de satisfaction, de volupté pour lequel on éprouve de la gratitude.* »

Gourmande, elle en demandait au minimum trois. Lorsque je l'ai rencontrée à Paris, j'ai bien dû en vivre une demi-douzaine tellement les personnes comme elles peuvent être source de kifs !

Aujourd'hui, je m'amuse à rechercher ces courts instants de béatitude, ces petits moments de grâce de la vie. Ils enjolivent nos journées et font naître des sourires sur les visages.

Et si parfois, aucun de ces instants bénis ne semble se produire, vous pouvez les induire. Il m'arrive souvent de repenser à des moments plus désagréables de ma vie et de ressentir un « spouish » à l'idée que c'est maintenant chose du passé.

Par exemple, je peux penser que :

- L'école est finie, pour de bon !

- Je n'ai plus à supporter ce collègue ou ce patron grincheux...

- Je n'ai plus besoin de ...

- Je ne souffre plus de...

C'est une autre forme de gratitude qui passe par un rappel du négatif pour apprécier encore plus le positif. Et ça aussi, ça fait « spouish » !

Enjoy !

⸏⸏⸏

« Heureux,
tels les soleils qui volent
Dans le plan resplendissant des cieux,
Parcourez, frères, votre course,
Joyeux comme un héros volant à la victoire ! »

Neuvième symphonie, quatrième mouvement
Paroles de Friedrich von Schiller
et musique de Beethoven

⸏⸏⸏

« On appelle "bonheur" un concours de circonstances
qui permette la joie. Mais on appelle "joie" cet état de
l'être qui n'a besoin de rien pour se sentir heureux. »
ANDRÉ GIDE

Il y a quelques années, dans un restaurant asiatique
de la région d'Ottawa, j'avoue avoir été marquée par

l'invitation que la serveuse lançait chaque fois qu'elle venait nous livrer un plat. Avec son plus grand sourire, elle disait : « Enjoy ! » Je ne sais trop pourquoi cette formule m'a tant charmée, mais je m'amusai à la répéter par la suite lorsque je servais mes invités à la maison.

En y réfléchissant plus attentivement, j'ai compris ce qui rendait cette expression si attrayante et inspirante. En fait, en cherchant la traduction du verbe « enjoy » dans le dictionnaire, j'ai découvert que les Américains utilisaient cette expression pour souhaiter aux autres un bon appétit, mais également que cela pouvait aussi bien signifier « prendre plaisir à, aimer, savourer » en passant par « jouir et profiter ». On pourrait aisément le traduire aussi par « dans la joie ».

Il est certes utile d'avoir tout près de soi un répertoire de ce qui nous met le cœur en joie, car lors de moments plus difficiles de la vie, on peut alors y puiser à loisir pour se remonter le moral. D'ailleurs, il n'est pas nécessaire d'attendre de souffrir pour intégrer davantage de joie dans notre quotidien. Soyons donc proactifs, débordons de joies toutes simples immédiatement et prenons l'habitude d'éprouver ce bonheur spontané, comme le font les enfants !

Depuis que j'anime l'émission *Qu'est-ce qu'on attend pour être heureux?* sur les ondes de TVA, je rencontre des artistes qui me font d'heureuses confidences, c'est le cas de le dire. Plusieurs possèdent leurs propres trucs en matière de bonheur et chaque fois je suis impressionnée par leur ingéniosité et leur efficacité.

Plusieurs nous ont rappelé l'importance de faire régulièrement des «mises à jour» en ce qui a trait à notre état d'esprit. Pour y parvenir, il faut d'abord se demander comment l'on va. Ça revient à vous poser cette même question qui vous permet en tout temps de savoir si vous êtes en mode attraction positive dans votre vie ou non :

Comment je me sens?

Si vous ne vous sentez pas bien, cherchez pourquoi et faites en sorte de régler la situation. Ironiquement, parfois la meilleure façon de régler la situation, c'est justement de vous sentir bien. À mesure que vous vous sentirez mieux, vous élèverez vos vibrations à un niveau où il sera beaucoup plus facile de résoudre vos problèmes.

Réfléchissez-y bien, lorsque vous vous enlisez dans un problème, vous entrez dans un cercle vicieux (et pas très vertueux…) qui vous pousse à broyer du noir de plus en plus, à vous abandonner à des réflexions tristes, à ressasser ce qui ne va pas, voire à élargir le spectre de vos difficultés.

Cette astuce des mises à jour sur ce qu'on ressent pourrait s'avérer très utile en couple aussi. C'est d'ailleurs l'un des secrets d'un couple mythique du *show-business* québécois. Périodiquement, ils se demandent si tout va bien et s'il n'y a pas d'irritants insidieux dans leur relation. Ainsi, ils peuvent désamorcer un possible conflit avant qu'il n'éclate et remédier à la situation en toute connaissance de cause de part et d'autre.

Une autre question utile et bénéfique sur laquelle il importe de réfléchir est :

« Est-ce que cela me nourrit ? »

Pour chaque conversation que vous entretenez, chaque rencontre amicale ou professionnelle, et chaque activité pratiquée, la réponse à cette question devrait être sans équivoque. Vous le saurez immédiatement si ce n'est pas le cas. Ce sera à vous alors de trouver les moyens de pallier les insuffisances de la situation en faisant les gestes nécessaires afin de favoriser plus de bien-être.

Lorsque vous commencerez à vivre selon ce qui vous nourrit vraiment au plus profond de vous-même et que vous vous sentirez bien, vous serez probablement tenté d'enseigner cette astuce à votre entourage. Et pourquoi pas à ces personnes qui parlent sans cesse de leurs angoisses ou de leurs problèmes ? Nous attirons ce sur quoi nous portons notre attention. Alors, si vous voulez guérir plus rapidement de votre rhume ou régler n'importe quelle situation, cessez de vous plaindre en discourant constamment de tous ces côtés négatifs.

De plus, avant toute chose, ayez la parole nourrissante. Vous vous apercevrez bien vite que les gens ne viendront plus se plaindre à vous. La raison en est bien simple, car le proverbe que nous citions précédemment est toujours aussi vrai : « Qui se ressemble s'assemble. » Comme on le voit, notre capacité d'imitation est grande et d'un naturel déconcertant !

Que la fête commence !

───❀───

« On a les yeux écarquillés
Sur la liberté
Et la liberté
C'est la fête, la fête. »

C'est la fête
Paroles de Maurice Vidalin et musique de Michel Fugain
Interprétée par Michel Fugain

───❀───

« Mon Dieu, que votre volonté soit fête ! »
FRÉDÉRIC DARD

Qu'avez-vous célébré récemment ? Une fête qui vous semblait obligatoire comme l'anniversaire d'une amie, la fête des Mères ou des Pères ? Moi je vous parle ici de célébration improvisée, juste pour le plaisir de fêter ! Avez-vous l'habitude de ce genre d'activité ?

D'ailleurs, permettez-moi de vous donner mon avis sur toutes ces fêtes commercialisées. Ne trouvez-vous pas ridicule de magasiner de manière quasi forcée pour trouver le cadeau à offrir pour telle ou telle occasion? Pour contrer cette triste réalité, nous avons convenu, mes proches et moi, de ne plus se mettre de pression avec ces contraintes. Au jour prévu de la fête en question, nous fêtons, mais sans nécessairement s'offrir de cadeaux. Par contre, si à un moment donné dans l'année, on est tentés d'offrir quelque chose à quelqu'un, juste pour le plaisir ou parce qu'on en a eu l'intuition, on le fait. Et c'est bien plus amusant ainsi parce que c'est toujours une surprise et ça vient du cœur!

Malheureusement, je constate que nous ne célébrons pas assez souvent dans la vie. La fatigue, la surcharge de travail et tant d'autres responsabilités nous freinent dans nos élans festifs. On prétexte que l'on n'a pas vraiment le temps de fêter, que la vie c'est du sérieux!

Savez-vous quoi? C'est précisément à ce moment-là qu'il est primordial de prendre un temps d'arrêt et de faire la fête! Et si vous commencez à penser de cette manière, vous trouverez mille et un prétextes pour célébrer. Vous fêterez pour tout et pour rien.

Des exemples de propositions:

– Le début d'une nouvelle saison ;

– Une nouvelle rencontre ou des retrouvailles ;

– Une réalisation personnelle ou professionnelle ;

– Une bonne nouvelle ;

– Une acquisition ;

– Le début ou la fin des vacances.

Et cette liste de motifs n'est vraiment pas exhaustive parce que vous pourriez en ajouter des tonnes d'autres, comme le fait d'être en amour, d'être remplis de gratitude et même juste parce que l'on est mardi et qu'il est dix-sept heures !

Il ne s'agit pas seulement de faire la fête plus souvent, mais de développer une manière de penser et d'agir qui soit de la nature de la fête. Avoir l'esprit festif pourrait devenir une qualité fort recherchée. C'est le côté « pop » de la vie.

Dans ce même ordre d'idées qui se rapportent à la fête, j'ai appris en suivant mes cours d'anglais que les anglophones ont deux expressions distinctes pour parler d'ouvrir une bouteille. Ils diront soit « open up a bottle » ou « pop open a bottle ». Quand mon professeur m'a enseigné cette subtilité, je lui ai demandé s'il y avait une différence entre les deux. Ce à quoi, il m'a répondu : « Bien sûr, le fait de dire "pop open" est beaucoup plus festif». La bouteille n'est même pas encore ouverte que l'on en ressent déjà les effets.

Alors, si nous désirons ajouter du «pop» à notre vie, il faudra peut-être utiliser des expressions plus joviales, sourire et rire plus souvent, mais surtout mettre en place les festivités. Devenez celui ou celle qui développe l'art de la fête. Vous connaissez sûrement déjà ce type de personne avec qui l'on a toujours une impression de légèreté, un brin de folie et de douce frénésie. Remarquez comme ces gens ne sont pas stressés, comme ils vivent le moment présent et dans la conscience. Ils sont pour nous de beaux modèles !

À une amie qui me demandait pourquoi j'avais autant de demi-bouteilles de mousseux dans mon réfrigérateur, je répondis : «Parce qu'une occasion de fêter est si vite arrivée !»

Et d'ailleurs, tant qu'à lever votre verre, vous pourriez en profiter pour porter un «toast norvégien» à quelqu'un. Pour ce faire, vous devrez regarder la personne droit dans les yeux et lui offrir un mot gentil, en buvant en son honneur, à l'accomplissement d'un de ses vœux, en prenant soin de relater une qualité que vous appréciez chez elle, par exemple.

Toutefois, si vous allez en Norvège un jour, n'essayez pas d'impressionner les habitants de cette contrée en démontrant que vous connaissez cette pratique, car elle n'a rien de norvégien, si ce n'est de la nationalité de l'homme qui a en eu l'idée. Mais vous pourrez toujours proposer ce petit rituel en lançant un «Skol!» (l'équivalent de «Santé!» en norvégien) bien senti pour lui conserver sa touche exotique.

Une œuvre collective

―――❦―――

« La Terre meurt
L'homme s'en fout
Il vit sa vie
Un point, c'est tout. »

La Terre meurt
Paroles et musique de Charles Aznavour
Interprétée par l'auteur

―――❦―――

« Tout livre a pour collaborateur son lecteur. »
MAURICE BARRÈS

L'écriture produit chez moi un drôle de phénomène. Je vous mentirais en vous disant que la tâche s'avère facile. C'est plutôt le contraire… Que ce soit pour l'écriture d'un livre ou d'un article, chaque fois, je suis tiraillée par les idées à transmettre, j'en ressens toute l'importance. Elles en viennent même à me hanter quelquefois. Je sais et je sens que je dois les exprimer le mieux possible, mais le défi s'intensifie davantage lorsque je dois coucher les mots sur papier (ou les inscrire à l'écran!).

Toutefois, bien que je me considère un tantinet paresseuse, je me rends bien compte en revanche que ces tâches, dans lesquelles je m'applique pour les communiquer et ainsi accomplir ma mission, sont celles pour lesquelles je suis la plus assidue. Jamais il ne me viendrait à l'idée de lâcher. Donc, c'est ce qui me permet de croire que nous faisons tous partie d'une œuvre collective et que le rôle que nous devons chacun y jouer est important.

J'ai reçu le don de la communication, alors je dois communiquer. C'est ma façon de servir le monde et d'y apporter ma contribution. On pourrait dire que chacun excelle dans un art en particulier et que ce moyen lui permet de changer le monde à sa façon. Il faut entrevoir ici une vaste gamme de formes d'art qui va bien au-delà de la peinture, du chant ou de la musique. Voyez plutôt votre art comme votre outil de création. Parce que vous êtes le créateur de votre vie, mais également le cocréateur de la vie dans sa totalité.

Ne dit-on pas que l'on naît deux fois dans la vie? La première, c'est lorsque nous arrivons sur cette terre, et la seconde, lorsque nous y trouvons notre place ou ce que nous pourrions appeler notre mission. D'abord, on apprend à se connaître et l'on développe ses forces et ses talents. Puis, on élargit notre spectre en nous ouvrant au monde et en participant activement à l'œuvre collective.

La vie peut être comparée à une œuvre d'art absolument grandiose. Dans l'infiniment grand, on peut facilement être dépassé par ce qui va au-delà de nos perceptions. En fait, dans notre prise de connaissance de quelque chose, dans les sensations, les impressions, les intuitions qu'elle recèle, il y a tellement plus que ce que nos yeux voient de visu.

Pour l'illustrer, j'aime bien regarder la séquence du film *Beauté américaine* dans laquelle un sac en plastique virevolte dans le vent. La musique qui joue à ce moment-là est sublime et l'un des personnages explique à quel point l'observation de cette séquence vidéo le met dans un état de profonde gratitude. On dirait que le sac nous offre une danse en cadeau. La première fois que j'ai visionné cet extrait, j'ai été émue jusqu'aux larmes. J'avais l'impression de percevoir la beauté, mais à un niveau supérieur. Ce fut une expérience mystique, presque transcendante.

Il est primordial de faire en sorte de vibrer à ce niveau afin de ne pas rester coincé dans son petit moi, mais d'accéder plutôt à son moi supérieur, que l'on pourrait également nommer la partie divine en nous. C'est à partir de là que nous réaliserons l'importance de devenir des cocréateurs. Dans cet état d'être, la compétition n'a plus sa place. On recherche plutôt la collaboration.

Plus que jamais actuellement, nous avons besoin de collaborer tous ensemble pour nous élever en conscience et trouver le bonheur et la paix. Plus encore, nous sommes responsables à la fois de notre propre avenir tout comme celui de notre planète. À ce sujet, je vous suggère l'écoute de la chanson *La Terre meurt* de Charles Aznavour. Sur un air festif, le chanteur nous présente une image saisissante de l'état actuel du globe et il nous exhorte à prendre soin de cette Terre qui risque la destruction si nous ne nous réveillons pas.

À un niveau plus intimiste, je me rappelle également le message du D^{re} Jill Bolte Taylor, cette scientifique américaine spécialisée en neuroanatomie, qui a la particularité d'avoir elle-même vécu un accident vasculaire cérébral. On a pu découvrir l'histoire de cette dame à l'émission d'Oprah Winfrey. Si vous comprenez l'anglais, vous serez fascinés par le visionnement d'une vidéo explicative sur le site www.ted.com.

Mais surtout, le D^{re} Bolte Taylor a dit quelque chose de primordial qui, si nous le respections, s'avérerait particulièrement transformateur. Elle nous demande de prendre la responsabilité de l'énergie que nous véhiculons ou que nous apportons partout où nous allons (*"Please take responsibility for the energy you bring into this space"*).

Nous sommes responsables de ce que nous véhiculons, mais plus encore, nous devons être conscients de cet immense pouvoir qui nous a été donné et l'utiliser à bon escient.

En rédigeant ce chapitre, je me suis souvenue de deux histoires fascinantes à ce propos. Ma manie de tester ce que j'apprends ne date pas d'hier... Il y a plusieurs années, j'étais subjuguée par mes découvertes à la lecture de *La Vie des maîtres* de Baird T. Spalding et je cherchais par tous les moyens à expérimenter les enseignements de ce livre. Puis, vint une formidable occasion !

Lors d'un souper de filles, une amie confia son angoisse relativement à un examen qu'elle devait passer quelques jours plus tard pour terminer ses études. Il se ferait en deux parties : une écrite et l'autre orale. Pour la partie orale, elle aurait à prendre au hasard trois sujets parmi plusieurs et faire son exposé en lien avec ces thématiques. Bien consciente de ne pas maîtriser certains sujets plus complexes, elle s'inquiétait de les tirer au sort au moment de la pige. De plus, le fait de devoir disserter oralement ajoutait énormément de pression à cette épreuve pour elle.

Désireuses de l'aider, ma cousine et moi lui avons conseillé de cesser d'angoisser et de se concentrer sur les sujets qu'elle connaissait par cœur, sujets qu'elle maîtrisait d'ailleurs avec brio. Puis, nous avons eu l'idée de tenter une expérience particulière...

Sachant qu'elle devait passer cet examen à une heure précise quelques jours plus tard, nous avons convenu de l'accompagner dans son aventure. Nous lui avons demandé de nous nommer les trois sujets qu'elle aimerait piger, ceux qu'elle maîtrisait parfaitement et avec lesquels elle obtiendrait une note élevée.

Le matin où elle se rendit à son examen, nous avons médité en pensant à elle et en gardant notre focalisation sur les trois sujets préalablement déterminés. Pour ajouter une touche divine à l'exercice, je l'enveloppai d'une bulle bleue dans laquelle j'avais pris soin de déposer du calme, une rapidité d'esprit, une mémoire vive et de la confiance.

On y croyait bien sûr, mais le résultat de cette expérience ne manqua pas de nous épater totalement malgré tout. Notre amie a réussi haut la main. Elle a tiré au sort non pas un ou deux des sujets souhaités, mais les trois. Obtenir la marque de 100 % pour une première expérience de ce type ne pouvait que nous encourager à continuer!

Depuis, j'ai eu l'occasion de tester cette puissance de l'intention collective à plusieurs reprises, et chaque fois, les résultats étaient fascinants. Essayez-le et mesurez-en vous-même les effets! Expérimentez-la avec vos enfants lors de leurs examens, avec des amis qui doivent subir des traitements ou une opération. Et tenez-moi au courant de vos résultats!

À votre tour maintenant !

―――⚬⚬⚬―――

« Peut-on convaincre un dictateur
D'écouter battre un peu son cœur ?
Peut-on souhaiter d'un président
Qu'il pleure aussi de temps en temps ? »

Pour les enfants du monde entier
Paroles et musique d'Yves Duteil
Interprétée par l'auteur

―――⚬⚬⚬―――

« Le plus bel hommage que nous puissions rendre à un auteur
n'est pas de rester attachés à la lecture de ses pages, mais plutôt
de cesser inconsciemment de lire, de reposer le livre, de le méditer
et de voir au-delà de ses intentions avec des yeux neufs. »

CHARLES MORGAN

Pour répondre à Yves Duteil, bien sûr que nous pouvons convaincre un dictateur d'écouter battre son

cœur et souhaiter d'un président qu'il pleure aussi de temps en temps. J'ose croire qu'il s'agit même d'une responsabilité et d'un devoir que nous avons de semer et transmettre l'amour, la joie et cette vaste gamme de sentiments positifs dans nos vies. Il faudra d'abord en avoir la conviction pour ensuite en faire la démonstration.

Rappelons-nous aussi que l'entreprise peut être simple et agréable. Nous n'avons pas besoin de partir au loin ou de faire des choses impressionnantes pour trouver le bonheur. Recherchons-le plutôt au quotidien, dans les petites choses…

Engageons-nous à moins parler de la pluie et du beau temps, mais plutôt à se dire les vraies affaires. Soyons honnêtes envers nous-mêmes et envers les autres. Ouvrons nos yeux et notre cœur pour observer la vie et en saisir les enseignements qu'elle recèle.

Soyons en quête de calme, de joie et d'équilibre. Ayons confiance en nous-mêmes et en la vie. Soyons présents, attentifs, et apprenons à aimer ce qui est. Célébrons la vie et tout ce qui en fait partie!

En guise de rappel, souvenez-vous de ceci:

1. « Connectez-vous » à vous-même, aux autres et à la vie.

2. Observez.

3. Activez-vous. Participez!

4. Continuez d'apprendre.

5. Redonnez. Faites circuler !

Et contrairement à ces avertissements que l'on nous sert parfois à la télévision, je vous dirai :

SVP, essayez cela à la maison !

Tout ce que vous aurez appris dans ce livre (ainsi que dans tous les autres), parlez-en autour de vous. Faites circuler !

Comme mot de la fin, permettez-moi de m'inspirer d'un extrait du livre *Mange, prie, aime,* écrit par Elizabeth Gilbert, dans lequel l'héroïne de l'histoire doit trouver son mot. Au restaurant, ses amis et elle s'amusent à attribuer un mot à certaines villes ou certains pays. Par exemple, le mot qui correspondrait à l'Italie pourrait être « manger », alors que celui de l'Inde pourrait être « prier ». Par la suite, elle se demande quel serait son mot à elle, celui qui la définirait en quelque sorte… Elle choisit alors « attraversiamo », ce mot entendu en Italie qui signifie « en traversant » ou « en cheminement ».

L'an dernier, lorsque j'ai écrit *C'est beau la vie,* mon mot était « simplicité ». Aujourd'hui, j'y ajoute le terme « conscience » que l'on pourrait jumeler à « observation ».

Et vous, quel est le mot qui vous décrit? Ou à quel mot aspirez-vous à ressembler?

La prochaine page est pour vous. Alors que vous terminez la lecture de ce livre, un nouveau chapitre de votre vie commence. Qu'aimeriez-vous vivre ou expérimenter? Que voulez-vous régler une fois pour toutes? Que désirez-vous attirer dans votre existence? Le crayon avec lequel vous écrirez ce nouveau chapitre représente votre pouvoir de création. Vous pouvez même le rédiger dans votre carnet magique, dont j'ai parlé précédemment. Vous pourrez le relire à loisir quand vous en aurez envie.

Vous pouvez être, faire et avoir tout ce que vous désirez.

Alors, que choisissez-vous?

C'est ce que je vous souhaite du fond du cœur. Et ma petite voix me dit que vous en avez la capacité, que tout est possible, parce que vous méritez ce qu'il y a de mieux!

Bienvenue dans l'extraordinaire!

Remerciements

« Une simple pensée de gratitude dirigée vers le ciel
est la plus parfaite des prières. »

GOTTHOLD EPHRAIM LESSING

Merci à vous qui tenez ce livre entre vos mains et qui êtes assez curieux et sensible pour vous rendre jusqu'à la page des remerciements.

Merci aux auditeurs des *Petits Bonheurs de Christine* à Rythme FM qui m'ont aidée à trouver des extraits de chansons positives et inspirantes. Plus particulièrement à Claude Mercier qui s'est vraiment surpassé !

Merci aux téléspectateurs de *Salut Bonjour Week-end*, de *Qu'est-ce qu'on attend pour être heureux ?* et aux lecteurs du *Bonheur de lire* dans le magazine *Le Lundi*. Vous avez toute mon admiration pour votre appétit littéraire et votre intérêt pour le bonheur.

Merci à vous que j'ai croisé à l'épicerie, lors d'une conférence ou dans un salon du livre. Sachez que «je vous vois» et que votre gentillesse me touche. Un merci particulier à «Pamela sans accent» que j'ai rencontrée un jour et qui m'a bouleversée par sa franchise. Ce second livre est en grande partie pour toutes les jeunes filles comme elle qui veulent se réaliser en faisant une différence positive en ce monde.

Merci à ma famille et mes amis qui «subissent» parfois mes envolées philosophiques sur la vie et sur toutes ces découvertes qui m'émerveillent au point de vouloir en parler à tout le monde!

Merci à mon amie Élaine Daigle, véritable source de lumière, qui a su m'accompagner à travers mon ultime expérience zen. Je t'applaudis en silence! Merci aussi à Chan-Huy, qui m'a appris à dompter mes tigres intérieurs...

Merci à Michel, Manon, Monique et Lise, des éditions Un monde différent, sans qui ce livre n'aurait pas vu le jour. Vous êtes de vrais magiciens et mon amour pour vous est sans borne.

Et je ne peux terminer sans remercier l'adorable Chopin ainsi que la petite fée Chiffonie pour leur merveilleuse présence. Vous êtes de formidables muses...

Bibliographie

3 kifs par jour de Florence Servan-Schreiber, éditions Marabout.

Cartes divinatoires des Maîtres ascensionnés de Doreen Virtue, éditions AdA.

Guérissez votre appétit, guérissez votre vie de Doreen Virtue, éditions AdA

Happiness, le grand livre du bonheur de Leo Bormans, éditions de L'Homme.

L'étonnant pouvoir de l'intention délibérée d'Esther et Jerry Hicks, éditions AdA.

La Plénitude de l'instant de Thich Nhat Hanh, éditions Marabout.

La Vie des maîtres de Baird T. Spalding, éditions Aventure Secrète

Le Pouvoir de Rhonda Byrne, éditions Un monde différent.

Les quatre accords toltèques de Don Miguel Ruiz, éditions Un monde différent (en disque compact).

Où se cache le bonheur ?, éditions Messagers des étoiles.

Parfait amour, imparfait bonheur : guérir les blessures du cœur de John Welwood, éditions de La Table Ronde.

Mange, prie, aime, d'Elizabeth Gilbert, éditions Calmann-Lévy.

Si vous avez apprécié votre lecture et si vous désirez poursuivre sur le chemin du bonheur et de l'inspiration, inscrivez-vous au Bulletin Secret sur mon site Internet au :

www.christinemichaud.com

Vous serez également tenu informé des conférences et ateliers pour le grand public.

Pour les conférences corporatives ou autres événements, écrivez à :

info@christinemichaud.com.